石湾

文坛逸话

上海辞书出版社

文坛逸话

序

在知识界享有美誉的民间读书杂志《开卷》创刊十五周年了。记得我的恩师赵瑞蕻先生是一九九九年大年三十逝世的，执行主编董宁文先生当即约我为《开卷》写了一篇怀念赵先生的《芬芳的清气》，这就意味着我与《开卷》结缘也已十五年了。虽说十五年来我所写的与写书、编书、读书有关的文字大都交由主流报刊发表，给《开卷》写得极少，但每收到新一期《开卷》，还总是爱不释手、认真阅读，算得上是个老粉丝了。宁文在辛勤办刊的同时，十余年来，还热心奔走张罗，主编了多套《开卷书坊》丛书，也广获好评，并令我十分艳羡。因此，当去年年底，宁文约我也编一个小集子加入这一丛书时，真有一种喜出望外之感。

我出道之后，主要是从事文学编辑工作，编刊、办报、做书，长年与作家、艺术家打交道。二〇〇四年七月从作家出版社的岗位上退休之后，即先将记录我编辑生涯的近八十篇回忆文字，编成《昨夜群星灿烂》（副题《石湾编辑漫记》），二〇〇五年一月由作家出版社出版。同行挚友李一安、杨德华先后在《人民日报》和《文汇报》发表书评，给了我很大的鼓励。德华在书评的末尾这样写道："但愿更多的有志编辑也来读读这本难得的编辑'教科书'，因为它不是书斋的产物，而是在实践中打造出来的。"

我退休之后，由于种种特殊情形，实际上还是没能完全摆脱文学编辑工作，依然不时与作家打着交道，加上自己一直坚持写作，也就更没有离开文坛。因此，十年来，我又"在实践中打造出来"了数十篇此类纪实性文字，从中遴选出二十八篇，辑成了这本《文坛逸话》。我之所以要在书名中用"逸话"二字，是因为这些篇什中所记文坛往事大都已被人遗忘或鲜为人知。如《刘白羽的忏悔与反悔》一文，当年为刘白羽出最后一本散文集《天籁集》的责任编辑杨德华与肝癌抗争四年后于二〇一一年七月二十四日英年早逝，作为《天籁集》终审的我，若不把刘白羽在出《天籁集》的过程中对曾向徐光耀公开道歉一事反悔的史实公诸于世,在没有第三个人知晓的情况下,文学史上或将留下一个不真实的刘白羽。很有意味的是,《刘白羽的忏悔与反悔》一文先后在《文学报》、《中华读书报》刊发之后,在文学界引起了不小的反响,当时我正住在故乡江苏农村,突然接到久未联系的诗人刘小放的电话,他告诉我,徐光耀先生看了我的文章,大为惊讶。他作为《长城》的原主编,觉得《长城》若不转载这篇文章,就于心不安。问我是否同意?我回答:"考虑到当年徐光耀的《昨夜西风凋碧树》和刘白羽写给徐光耀的致歉信都是《长城》首发后多家报刊转载的,我写就《刘白羽的忏悔与反悔》一文后,就理所当然地电邮给了《长城》编辑部,未料几个月过后竟不见回复,如石沉大海,我才改投了《文学报》……"小放兄听了,直感叹:"现在的编辑太年轻,怎么会连如此重大的文学事件都不知道呢?! 我和光耀已与《长城》现任主编讲好了,你把原稿的电子文档立即发给他,《长城》下期一定转载!"

此集最后一篇《张祖道：中国纪实摄影的先行者》在去年秋天见报后，因我也是在常州老家住着，突然接到原同事杨葵的电话。说张祖道的三个年逾九旬的老同学，在读了《张祖道：中国纪实摄影的先行者》一文，聚到一起开了个小会，决定设法打听到我的手机号，准备打电话给我，代表西南联大的校友向我致谢。三老忽然想到他们的老同学杨犁曾任《新观察》副主编，于是就找到杨犁的遗孀赵兰英（中国文联原财务处长）询问，赵兰英说："我认识石湾，他原是杨犁的部下，我儿子杨葵在作家出版社工作时又是他的部下呀！"……我从故乡回到北京，顾骧先生去世那天，在我所住的宿舍楼下，遇见了中国作协干部部分管离休干部事宜的常处长，他说："你写张祖道的文章我们干部部的同志都看了，他一生拍了那么多珍贵的照片，出了三本书，很了不起。他逝世后，他儿子没有通知我们老干部处，办完丧事后我们才得知噩耗。没为他送行，真遗憾！因此，我们准备在作协的《老干部通讯》上破例转载你的文章，让大家了解他一生的成就和贡献……"

　　出于职业习惯和文史情结，我虽已值垂暮之年，但仍力所能及地记录了一个个我有幸结识和探寻到的文化名人的逸闻遗事。我想，这既是一种为了忘却的纪念，也是试图为现当代文学史填补一丁点儿空白。愿读者诸君喜欢！是为序。

　　　　　　　　　　　　二〇一五年五月八日

目录

偶见梅娘

　　早在年初,当《芳草地》主编谭宗远收到我的编辑漫记《昨夜群星灿烂》时,就写信约我到十月召开的第三届全国民办读书报刊研讨会上去与主编们作一番交流。《芳草地》是由朝阳区文化馆主办的,开本独特,品位高雅,团结了一大批文化人,在读书界享有良好的声誉,是这届研讨会的东道主。十四日上午八时多,我提前二十分钟走进会场,就见袁鹰先生已经坐在主席台上了。各地来的与会代表比预料的要多,正围着袁鹰先生请他题字签名呢。谭宗远走过来告诉我说,今天上午的会就是代表们与在京的作家们见面、联谊,说是八点半开会,但此刻正值上班高峰,路上肯定堵车,等邀请的作家们都来齐了再开会,恐怕要到九点以后。果然,拖到临近十点他宣布研讨会开幕,应邀与会的作家,如牛汉、姜德明、文洁若、石英、张守仁等,都已在座,但在我对面桌上摆放着"孙嘉瑞"名签的座位依然空着，我却一时想不起这位叫孙嘉瑞的作家是何许人。直到会议进行了一刻钟后，只见我熟悉的文友赵蘅陪着一位老太太进场，我才恍然大悟：孙嘉瑞就是鼎鼎大名的梅娘！

两年前，我曾读过一本我的同事陈晓帆编选的《又见梅娘》（人民文学出版社二〇〇三年二月版），得知梅娘的工作单位是中国农业电影制片厂。而赵蘅是我恩师赵瑞蕻和杨苡先生的女儿，也在农影工作。

年轻时的梅娘

赵蘅有自驾车，梅娘准是搭她的车来的。一问还果真如此，她俩都住在中关村。梅娘一向深居简出，文学界的活动一般都不见有她参加（多半是无人通知她），因此，包括袁鹰都在发言时说，尽管年轻时就读过梅娘的作品，久闻大名，但见到她，这还是第一次。

在三位年届八旬的老作家接连发言之后，主持人谭宗远就说"请一位稍年轻点的作家讲讲吧"，便把话筒递到了我的面前。虽说我从年初就作起了发言的准备，但我还是当即推辞了，理由是："大家难得见到梅娘先生，还是先请她讲吧！"谭宗远随即向大家作了一番介绍："一九四二年，北平的马德增书店和上海的宇宙风书店联合发起'读者最喜爱的女作家'调查活动，在上海的张爱玲和在北平的梅娘双双夺魁。从此，便有了'南玲北梅'之誉。今天与会的同行朋友，也都是广大读者的代表，能有幸见到在文坛沉寂了半个多世纪的梅娘先生，还真是一种难得的缘分……"

梅娘在发言时说，她今年已八十五岁了，确实难得出门参加文学界的聚会。她之所以来参加这个会，是因为《芳草地》此前刊出了一个"雷妍专辑"，其中有她写的一篇题为《往事依依》的回忆文章。她说，这组文章（共十篇）曾投送给多家报刊，均未被采用，而《芳草地》收到后就悉数发表了，令她十分感动。她今天特意赶到这儿来，就是为了感谢《芳草地》做了一件好事，把这位久被遗忘的很有才华的北京女作家介绍给了读者朋友们⋯⋯

梅娘的《往事依依》，此前我是读了的。她怀念的好友雷妍，本名刘植莲，用她的话说，是"出污泥而不染、傲然挺立的刘植莲"。雷妍与她一样，是北方沦陷期文坛最多产的才女之一。而雷妍的久被遗忘，是因患癌症而英年早逝，走得太仓促了！其实，雷妍去世后没过几年，梅娘就被打成"汉奸"、"右派"，发配到了劳改农场，很快就在文坛销声匿迹，也被人遗忘了。以至于她一九七八年平反后，回到农影工作，相当长的一段时间里，出版机构寄给"梅娘"的信件，传达室都称"查无此人"。因为整个农影几乎无人知道"梅娘"就是孙嘉瑞，更无人知道"梅娘"这笔名取的是"没娘"的谐音（两岁那年，她娘就被她父亲的正妻逼出家门，自尽身亡，使她成了个没娘的苦命孩子）。

虽说我知道梅娘的名字才两年多时间，但她的女儿柳青我却早在一九八三年就听说了。那是史铁生的小说《我的遥远的清平湾》获得全国优秀短篇小说奖后，我采访他，他告诉我说，在长影当导演的柳青，是他一位同学要好的邻居，借了好些书给他看，鼓励他写电影文学剧本，是他"写作的领路人"。其时，梅娘正在给人家当保姆，史铁生也不知道她是新中国成立前很有名的作家梅娘，一直叫她"孙姨"。孙姨很关心他，曾对他说："写作这东西最是不能急的，有时候要等待。"这句真正内行的话，使他的生命"在险些枯萎之际豁然地有了一个方向"。

柳青是梅娘的大女儿。梅娘两岁丧母之后，在后娘的冷漠仇视下长大，十五岁时又丧父，使她成了一只断线的风筝，漂泊到了日本。在日本，她与在内山书店打工的中国留学生柳龙光邂逅、恋爱、结婚。谁又料到，这得来不易的幸福婚姻，在她生下两个女儿后，竟然很快又遭毁灭：一九四八年，柳龙光身负北平地下党的特殊使命，乘船从上海赴台湾，途中不幸遇难！那时，她的腹中已怀着第三个胎儿……在常人难以想象的艰难和坎坷中，梅娘终于把柳青养大（次女和儿子早已因无钱求医而病死）。前些年柳青到海外发展，现已定居加拿大，为母亲预备好了宽敞、舒适的房子。梅娘去过几次，但她在会上说："我在那儿住不惯，还是想回京，喜爱北京。"如今，她独自在北京的家中生活、写作，依然是那样淡泊、低调，近乎默默无闻。

因围着作家们要求签名题字的人很多，上午的联谊会延长了半个多小时才结束。用午餐时，我恰好与梅娘同桌。因是自助餐，仍不时有人来找梅娘签名题字。我注意到，除提出特别要求者外，她都只签她的本名：孙嘉瑞，三个工工整整的楷书。有位外地的读者再三恳求她题字，才见她题了"梅花香自苦寒来"七个字。二十多年前，中国戏剧家协会在启动"梅花奖"的评

梅娘暮年

选时,时任剧协书记处书记的刘开宇先生曾向我咨询这句诗的出典,我查遍了手头的有关图书资料,也问了好些专家学者,至今未有答案。此刻,我就又向梅娘先生请教。未料,她淡淡一笑,说:"见好多文章里都引用嘛!"

望着梅娘饱经风霜的脸上布满刀刻似的皱纹,我当即意识到不该向她提这个问题。这七个字分明是她的自喻,既是她人生体验的结晶,也凝聚着她的血泪和品性!可以说,她就是中国文坛上硕果仅存的一棵依旧散发着暗香的老梅啊!

二〇〇五年十月二十八日

何来"驴在叫"？

读今日《文汇报》，见笔会副刊上有篇题为《"马在叫"与"驴在叫"》的文章，甚是醒目。此文转引了陈为人《唐达成文坛风雨五十年》的一段文字："中国作家协会党组书记唐达成，曾听张光年回忆过这句歌词修改的情节，依稀记得是著名诗人贺敬之看了他写的初稿之后，认为'驴的形象稍逊雅观'，建议将'驴在叫'改为'马在叫'。"作者在议论了一番将"驴在叫"改为"马在叫"如何"很好听很美感"、"确实是再恰当不过"之后，还着意问了一句："不知张光年当年是否感谢过这位'一字师'？"

贺敬之果真是张光年写《黄河大合唱》时的"一字师"吗？稍微了解一点这两位大诗人历史的人，恐怕都不敢信以为真。经历了五十年文坛风雨的唐达成，无论对张光年还是贺敬之，应该是了解都很深的，决不可能"依稀记得"这样无中生有的

"情节"。

光年同志在世时，为编辑出版他的《光未然诗存》，我曾多次拜访他，每次谈诗论词，也都要说到《黄河大合唱》。当时，他夫人黄叶绿正在编选《〈黄河大合唱〉纵横谈》一书，也曾征询过我的意见。因此，我对《黄河大合唱》诞生的全过程至今仍"依稀记得"。恰好我手头亦有《唐达成文坛风雨五十年》一书，便翻出黄叶绿赠我的《〈黄河大合唱〉纵横谈》（新华出版社一九九五年五月第一版）对照着看，事实究竟如何，就一清二楚了。

先让我们来看光未然写成《黄河大合唱》初稿的时间。光未然在《〈黄河大合唱〉的诞生》一文中记述："一九三八年秋冬，我和抗敌演剧队第三队同志们一起，经常在大西北的黄河两岸行军。在敌后游击根据地活动。中国雄奇的山川，游击健儿们英勇的身姿，时刻强烈地感动着我，我在心头酝酿着一个篇幅较大的朗诵诗《黄河吟》。稍后在延安治病写诗的时候，接受星海和演剧三队同志们的建议，改为《黄河大合唱》的歌词。"《黄河吟》确实是

"吟"出来而不是"写"出来的，即他躺在病床上口授，是由演剧队员胡志涛笔录下来的。因为光未然说的"治病"，实际是疗伤。当年与光未然在黄河上"同舟共济"的邬析零，曾在《〈黄河大合唱〉的孕育、诞生及首演》一文中回忆："光未然同志在山西汾西县勍香镇的一次归途中，不慎坠马，左臂骨折，再次渡过黄河，行程七百里，他被直接送往边区和平医院治疗，他躺在担架上，不断构思创作。"而《"马在叫"与"驴在叫"》一文却想当然地说："由于战火纷飞，当地的马都入伍打仗去了，只有驴在山道上奔波，为前线和后方立下'汗驴功劳'。驴的嘶叫与狂风的怒吼和黄河的咆哮混合在一起，组成惊天动地的'交响曲'，张光年因此信笔写下'风在吼，驴在叫，黄河在咆哮'……"仿佛是亲眼得见，说得如此"逼真"。殊不知光未然当年是骑着马在黄河两岸行军！怎么会"只有驴在山道上奔波"呢？更何况，懂艺术的人都会明白，这歌词里"马在叫"的"马"已是典型形象，代表着中华大地上的所有牲灵在向日寇发出愤怒的叫声。

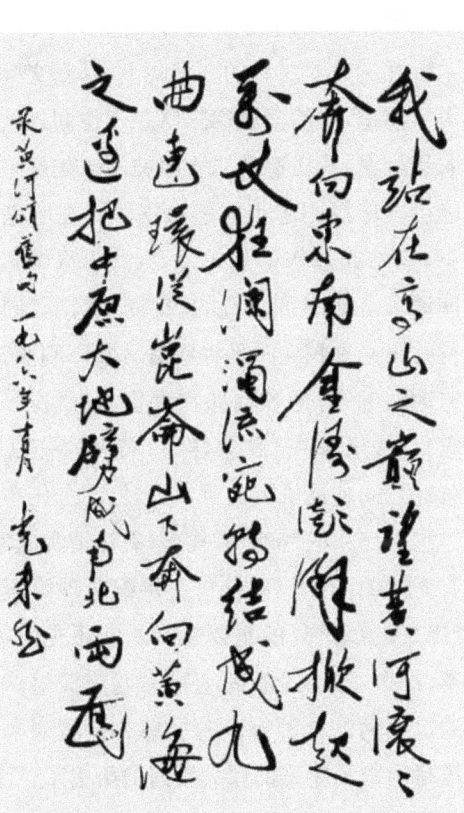

我站在高山之巅望黄河滚滚，奔向东南。金涛澎湃掀起万丈狂澜，浊流宛转结成九曲连环。从昆仑山下奔向黄海之边，把中原大地劈成南北两面

采黄河颂章句 一九八六年青

光未然

光未然《黄河颂》手迹

011

光未然在《〈黄河大合唱〉的诞生》一文中接着写道:"一九三九年二月的一个晚上,延安交际处一个宽大窑洞里,抗战演剧第三队三十位同志共度愉快的农历除夕,我应邀从二十里铺的医院赶来参加这个晚会。星海同志也应邀参加了。在明亮的煤油灯下,我站起来作了几句说明,然后很带感情地一气朗诵了全部四百多行的《黄河》歌词。同志们以期待的眼光聚精会神地谛听着。掌声刚落,星海同志霍地站起来,把歌词抓在手里,说:'我有把握写好它!'"冼星海在《我怎样写〈黄河〉》一文中则说:"《黄河》的歌词虽带文雅一点,但不会伤害它的作风。它有伟大的气魄,有技巧,有热情和真实,尤其是有光明的前途。而且它直接配合现阶段的环境,指出'保卫黄河'的重要意义。它还充满美,充满写实、愤恨、悲壮的情绪,使一般没有渡过黄河的人和到过黄河的人都有一种同感。在歌词本身已尽量描写出数千年来的伟大黄河的历史了。"于是,他从三月二十六日开始谱曲,到三十一日就完成了,仅用了短短六天时间!

再让我们来看《黄河大合唱》公演的时间。据《星海日记》，那是四月十三日"下午七时在陕公（大礼堂）开延安第一次音乐大会"，压轴的节目就是《黄河大合唱》，由邬析零指挥，光未然亲自担任朗诵。关于首演效果，《星海日记》写道："《黄河》因'第三队'女声独唱走了音，给观众不好印象。整个曲子，他们觉得很雄伟。"第二次演出，是五月十一日，在"鲁艺"周年纪念的音乐晚会上，合唱团有一百多人，伴乐队，冼星海亲任指挥。《星海日记》的记载是："当我们唱完时，毛主席，王明，康生都跳起来，很感动地说了几声'好'，我永不忘记今天晚上的情形。"其演出盛况，贾漫在《诗人贺敬之》（大众文艺出版社二〇〇〇年一月第一版）一书里也有描写："当延安礼堂舞台上唱起《保卫黄河》的第一段合唱以后的轮唱时，台下所有的听众一同唱起来：'黄河在咆哮，黄河在咆哮！'……"有意味的是，贾漫在形容这一"中国新音乐有史以来空前的壮观"时，接着写道："当唱到'风在吼，马在叫'，台下的人都激动得站了起来，确确实实是黄河在咆哮，珠江在咆哮，黑龙江在咆哮……因为台上台下哪里的人都有，别说是东北人，广东人，还有印尼的，马来西亚的，新加坡的等等许多国家的华侨。"请注意，文中是"马在叫"，而不是"驴在叫"；也请注意，尽管当时"台上台下哪里的人都有"，但并没有来自山东枣庄的贺敬之。

陈为人在《唐达成文坛风雨五十年》中提及，他在对贺敬之的访谈中，贺敬之曾说："《诗人贺敬之》这本书作者是我以前不熟悉的，叫贾漫，是内蒙古的一个诗人。让我看过几次，事实的部分是经过我反复核对过的。"由此，我们可以确信《黄河大合唱》在延安首演时，其歌词就是"风在吼，马在叫"，而不是"风在吼，驴在叫"。那么在首演之前，即所谓光未然写的《黄河大合唱》"初稿"是否经贺敬之指点过呢？据《诗人贺敬之》记述，一九二四年十一月出生的贺敬之，当时还是个不满十五岁的流亡少年，正在四川国立六中的罗江分校读书，哪能看到《黄河大合唱》的初稿呢？贺敬之是一九四〇年四月由梓潼出发，与几个同学结伴北上，去投考延安鲁艺的。长途跋涉四十天，在抵达西安城七贤庄八路军办事处时,他见到了冼星海,"冼星海不仅指挥他们唱歌,还教他们唱歌",但"是幸运又是遗憾,贺敬之此次幸遇冼星海,是初次,也是最后的一次"。至于贺敬之考入延安鲁艺文学系之时,我查阅了《张光年文集》(人民文学出版社二〇〇二年五月第一版)第五卷中的《光未然生平与文学活动年表》,发现光未然早于一九三九年五月初(即《黄河大合唱》在"鲁艺"周年纪念的音乐晚会上演出之前)经组织决定离开延安去成都继续治病;九月去了重庆,在周恩来同志领导下,与冯乃超、沙汀、叶以群共同开展文化界的统战工作;皖南事变后又经周恩来指示,转移到了缅甸开辟工作……抗战期间再没回过延安,他与贺敬之的结识,恐怕是解放战争期间的事了。其时,定稿后的《黄河大合唱》已传遍全国,想必也不可能发生将"驴在叫"改为"马在叫"之类的"一字师"故事了吧?

行文至此,为慎重起见,我给黄叶绿同志打了个电话,征询她的意见。她一听我念完《"马在叫"与"驴在叫"》的首段文字,就惊讶地说:"哪来的'驴

光未然(左)与石湾

在叫'呀？没那回事儿！光年的初稿就是'风在吼，马在叫'！"

是呀，人们常说历史不是可随意打扮的小姑娘，怎么好些当事人还健在，像《黄河大合唱》这样中国现当代文艺史上不朽的经典作品，其诞生的真实情节就被莫名其妙传来的一声"驴叫"篡改了呢？

二○○五年十二月十四日

也说京城名编

在文学界，新时期文学崛起之时，曾把《收获》、《当代》、《十月》和《花城》说成是大型文学期刊中的"四大名旦"。与此同时，也就有了京城"四大名编"一说。前些时，《文汇报》刊发了孙晶岩的《"四大名编"的故事》，因龙世辉先生已于一九九一年去世，孙晶岩未曾见过他，所以，她笔下的龙世辉写得比较简略。其实，龙世辉的资历比健在的崔道怡、章仲锷和张守仁要老得多。因此，当人们如今说起"四大名编"时，往往在介绍了崔、章、张三位之后，竟不知第四位该介绍谁？倒不是人们遗忘了龙世辉，而是与龙、章、崔、张同时代的名编尚大有人在呢！

二十世纪末，我在参与"百年百种优秀中国文学图书"的编辑工作时，发现从新中国成立到"文革"前的十七年中，入选的长篇小说共六部，除《保卫延安》、《青春之歌》是人民文学出版社出版而外，其余四部，即《红旗谱》、《创业史》（第一部）、《红岩》和《李自成》（第一卷），都是由中国青年出版社出版的。此期间入选的中短篇小说及散文集，只有孙犁的《白洋淀纪事》，也是出自中青社。由此可见，那时中青社的文学编辑实力，处于全国的领先地位。然而，中青社担负文学图书编辑工作的，只有一个编辑室，江晓天、萧也牧当年分别是编辑室的主任和副主任。他俩诲人不倦，手把手地带出了张羽（《红岩》责编）、黄伊、毕方（《创业史》第一卷责编）、王扶（后任《人民文学》副主编）等一批优秀编辑，形成了一个精诚合作的集体，在抓稿、编稿方面自有一套非凡的功夫。先说萧也牧——

"甘于沉默"的吴小武

早在一九八〇年，王蒙就写过一篇怀念萧也牧的文章。他在文中说："我碰到的第一个编辑就是他。那时候我刚满二十岁，把自己的处女作《青春万岁》的初稿送到了中国青年出版社……这个出版社的文艺编辑室的负责人接见了我，那就是他。"萧也牧接见王蒙时，自我介绍叫吴小武。这是因为他以笔名"萧也牧"发表的小说《我们夫妇之间》，已遭粗暴批判，并受到行政降两级的处分。王蒙对面前这个"有一种既操劳过度、又精神十足的神气的"编辑是有敬畏之感的，但当知道吴小武就是大名鼎鼎的萧也牧时，

萧也牧年轻时代

却对他产生了一种怜悯感。后来王蒙又见过他几次。给王蒙留下的印象是："他是用一种深知创作甘苦的、带几分悲凉的口气来谈创作的，他不但懂得创作技巧，他更理解创作的心理、作者的心理。"最让王蒙难忘的是，一九六三年他举家迁往新疆，萧也牧特意到车站来送行，用低沉的声音，缓缓地劝告他说："要甘于沉默。"王蒙心里明白，最不甘于

沉默的作家萧也牧,在他的小说《我们夫妇之间》遭受批判、尤其是在他也被打成右派分子后,早就变成"甘于沉默"的编辑吴小武了。

就因不知吴小武即萧也牧,流沙河与他之间,曾发生过一场不小的误会。那是一九五五年秋,中青社总编辑李庚和萧也牧一起到四川省文联组稿,召见二十四岁的流沙河。李庚沉静少言,萧也牧热情多话,叫他把已发表的一些短篇小说收编成集,给中青社出版。有机会出第一本书了,流沙河心中的快活自不用说。第二年夏天,流沙河进京,到中国作协文讲所求学,一日忽见萧也牧来课堂旁听,便急忙怀着感恩戴德之情大叫了一声"萧也牧同志"。未料对方热情与他握手之时,却满面笑容地声明:"我是吴小武。"他暗自惊慌,心想糟了,认错人了。报颜之后,不好解释,也就假装相识,含糊呷唔两声,退回到自己的座位上去。此后多日,每当又遇见吴小武时,他都设法回避,假装没看见。可是吴小武总是快步过来,热情招呼他,使他尴尬不已。次数多了,吴小武察觉了他的有意回避,也就不再招呼他了。萧也牧向他组稿的短篇小说集《窗》不到一年就由张羽任责编出版了,但直到几十年后从报刊上读到纪念萧也牧的文章,他才明白萧也牧是吴小武的笔名,追悔不及地喟叹:"罪过罪过,原来并非认错了人,难怪他目光里的疑问。他会认为我是一个忘恩的小人吗?奈何他已去世,我没法向他当面解释了……"

从萧也牧运交华盖时对流沙河的热情,看得出他是一个很重友情的人。对有恩于他的作家朋友,更是时刻铭记在心。新中国成立之初任《人民文学》小说组组长的老作家秦兆阳,粉碎"四人帮"以后,始终没有动笔写文章悼念他所怀念的死难战友。直到一九八五年,他才写了《忆萧也牧》。这是他写的第一篇悼念文章。可见这对难兄难弟的友情非同一般。秦兆阳写道:"我常常想念萧也牧,虽然我与他之间交往并不算多,相知也不算深。这原因,大概是跟'最早'二字颇有关系。有四个'最早';他是解放以后最早受到批判的作者;他的《我们夫妇之间》是我经手发表的最早受到批判的作品；他和我都曾经最早对这一批判多少表示了一点意见；在我被'划'掉了的二十年中，他是最早（其实也是唯一）向我约稿的人。"

萧也牧向秦兆阳约稿，是一九六八年的事。其时，在一九五八年被补划为右派分子的萧也牧，自然已被免去副主任的职务，作为一个"戴罪"的编辑，竟敢主动去向一个"臭名昭著"大右派约稿，在"文革"的政治气氛下，需要有多大的胆识和勇气啊！秦兆阳回忆说，在他被错划的二十年里，为了寻求精神支柱，解除内心的苦闷，许多革命回忆录就成了他如饥似渴的读物。而读得最多的，则是中青社出的专门刊登革命回忆录的《红旗飘飘》。直到一九七九年他与原在中青社工作的一位编辑谈起萧也牧来，才回想起：原来这个丛刊是萧也牧和另两位同志在一九五五或一九五六年创办的，那时萧也牧曾经找他约过稿。到了一九六八年春夏之际，他下放在柳州，忽然接到中国青年出版社编辑部的一封约稿信。是由于看到《广西文艺》在连载他写的《两辈人》，颇为赞赏，希望写完以后给中青社出版。被划成右派后还有出版社向他约稿,这真大大出乎他的意料。他当时估计,这很可能是萧也牧起的作用,因为只有萧也牧知道他有很多战争年代的素材,立志要写一部反映抗日战争的长篇小说;也只有萧也牧知道,他这时是多么需要朋友的安慰和支持……正如秦兆阳所感慨:"人之相知,在于心有灵犀一点通啊;直到粉碎'四人帮'以后,才从别的同志那里得到了证实,我的估计是对的。"但当时他没有敢给中青社回信。原因是可想而知的,在那样动乱的年代,这封约稿信,在造反派眼里,可就是"右派翻天"、"搞黑串联"的罪证啊!

据秦兆阳回忆,当年萧也牧每次到中国作协来组稿,在传达室填会客单,都是用其本名吴小武。因为当年带头撰文粗暴批判他的是大权在握的中国作协副主席丁玲和冯雪峰,而丁玲正是文讲所的所长,他那时去文讲所听课,当然就不便在众人面前暴露他萧也牧的真实身份了。一九五五年,名不见经传的梁斌在文讲所担任党支部书记,利用业余时间悄悄写了部处女作。先是没人愿意看,看过一些章节的人也不置可否。正在梁斌苦闷之时,萧也牧闻风去访问了他,并带回了他的一大捆书稿——《红旗谱》。回到社里,他就关起门来细细审读,看完稿件,他兴奋得不得了,给梁斌打电话时,激动得声音都变了。因萧也牧曾在冀中生活过,并有小说创作经验,社里就决定由他来担任责编。黄伊在一篇回忆文章里曾提到,他亲眼见到萧也牧为了《红旗谱》的修改及定稿,"摒弃了一切杂务,专心致志改稿,烟卷抽了一支又一支,弄得办公室里烟雾腾腾……有一天,他忽然转过头来,问坐在他旁边刚参加工作不久的王扶:'你今天晚上回家替我问一问你奶奶。她不是高蠡人吗,你问她,这句话他们高蠡人怎么说?'他让王扶看原稿上的那句话。也牧有一个坏习惯,一些关键的词句他一时实在想不出来时,他就急得咬手指甲。两三个月下来,我看见他的手指头都咬出血来了。"《红旗谱》出版后,好评如潮,成为我国当代文学史上一部光彩夺目的作品。可是,假如一开始就暴露他是新中国成立后第一个挨批判的作家萧也牧,梁斌也未必敢把自己稿子交给他吧？

"甘于沉默"的萧也牧十多年如一日，忍辱负重，编辑出版了徐怀中的《我们播种爱情》、曾秀苍的《太阳从东方升起》、马忆湘的《朝阳花》等长篇小说，以及林斤澜、浩然、胡万春、阿凤、万国儒等青年作家的第一个作品集。王蒙在怀念文章中说："直到一九七八年，我应中国青年出版社之约又来到北京，见到黄伊同志，才知道也牧同志已长眠地下好久了。后来，我听一个当时在团中央干校的同志告诉我，也牧同志死得很惨。"惨到什么程度呢？日前，我的芳邻洪鹏（王扶的老伴，原中青社出版处处长）对我讲："那是一九七○年，吴小武才五十二岁，因患风湿性心脏病，已病得大小便失禁。造反派却说他是用'屎尿战术'抗拒运动，抗拒劳动改造，继续批斗他，甚至动手打他，他哪还有活路？"

《李自成》的伯乐——江晓天

一九八二年，中国文学的最高奖——"茅盾文学奖"首届获奖作品揭晓,获此殊荣的是:魏巍《东方》、姚雪垠《李自成》、莫应丰《将军吟》、李国文《冬天里的春天》、古华《芙蓉镇》、周克芹《许茂和他的女儿们》。在这六部作品中,唯有《李自成》不仅是茅盾先生在世时看过并予以赞赏的一部优秀长篇,而且也是新中国成立后绝无仅有的受到毛泽东肯定的当代作家创作的长篇小说。这不只是姚雪垠此生享受到的崇高荣誉,同时,对《李自成》的责任编辑江晓天来说,也是一种最大的褒奖。

江晓天给《李自成》当责编是一九六一年。那时,他已被罢官,是一个普通编辑。这是因为一九六〇年春天,当他听到皖北家乡在灾荒中死了很多人,一时感情冲动,在给他二弟写信时说了几句气话。不料这封信被当地干部偷拆后便告发了,说他攻击总路线、"大跃进"、人民公社"三面红旗"。而此事就发生在团中央任命他当总编辑的文件下达的前两天,为此,他在反右倾运动中挨了半年的批判,受到降三级、撤职、留党察看两年的处分,并被下放到河北农村劳动。编辑室负责人把《李自成》

江晓天1977年在新华书店签售《李自成》

第一卷的稿子交给他处理时，他刚从唐县回京不久，还仍在"留党察看"期间呢！

说起来江晓天与《李自成》还真是有缘。还在他当主任时，有年出差到武汉，听说姚雪垠下了厂，就先拿两百元稿酬向他预订一部反映工人生活的小说。此稿后未写成，姚雪垠要退回预支的稿酬，江晓天因知其当时的困境，执意留作他深入生活的补贴，令他深受感动。因此，当《李自成》第一卷写成后，他便交给了中青社。谁都知道，姚雪垠曾是毛主席认定的右派分子，尽管已经"摘帽"，但这么大部头的历史小说，肯定是在未"摘帽"时就开始写的，审稿中万一有点疏忽，酿成政治错误，就得吃不了兜着走！因此，江晓天接下的，实际上是别人不敢接的"烫手的山芋"，弄不好又得给人以口实，继续"留党察看"不说，还得再加一条诸如"利用历史小说影射现实"之类的新罪名！

执着于文学的江晓天却全然不顾这些，下放劳动归来，他一心想的就是重操旧业，做点实事，便以极大的热情一口气读完了《李自成》第一卷原稿。作品中那宏伟磅礴的气势，绚丽多彩的画面，栩栩如生的人物形象，引人入胜的故事情节，深深地感染了他。他情不自禁地说："当了十几年文学编辑，我第一次看到这样别开生面的小说，尝到了艺术欣赏的愉悦，感到满足，不忍释手。"

一九六二年春节刚过，他就不辞辛劳从北京坐着硬席火车赶往武汉。一个一九四一年初就参加革命的原为行政十三级的干部，被安排住了十个人合住的大通间里。尽管他蒙受了很大的屈辱，但他的到来,却令姚雪垠喜出望外。因他在政治上虽摘了"右派"帽子,却仍感如头戴金箍被念了紧箍咒一般。这部花了多年心血写成的小说能否顺利出版,他心里一直在打鼓。他想,绝不会像没有右派问题的作家那样,单单依靠作品本身的质量就可以决定。没想到江晓天一见面就说:"这次我来,给你带来了好消息,室主任和社长在看了我的审稿意见和关于出版《李自成》的建议后,决定将《李自成》作为重点作品出版,争取在今年下半年同读者见面。"接着,江晓天用两个上午的时间,就稿子的修改问题同姚雪垠充分交换了意见。最后,姚雪垠说:"有两件事情需要你们帮助解决。一是最近我打算把家从开封搬来武汉,能否预支五百元稿酬;二是稿子改好后,你们能否找几个像吴晗这样的史学专家看看。"江晓天满口答应:"钱,我给北京发个电报,马上就可以办;请人看稿的问题,回北京后我即刻联系。"

经过几个月的奋战,姚雪垠于六月上旬终于把修改好的稿子寄给了江晓天。为了当好责编,江晓天日夜查阅明史,请教吴晗、李文治、阿英等名家,研究《水浒》、《布加乔夫》、《斯巴达克斯》等描写农民起义的中外名著，既严肃认真，又大胆细致地完成了《李自成》第一卷编辑加工和修改润色工作。

一九六三年秋，《李自成》第一卷顺利出版，在读者中引起了强烈的反响。姚雪垠激动之余，到邮局给毛主席寄去了一部。没想到当"文革"风暴席卷而来时，他竟因此举而获得了救助。那是一九六六年七月中旬，毛主席主持中央政治局扩大会议，对列席会议的湖北省委第一书记王任重说："你告诉武汉市委，对姚雪垠要予以保护。他的《李自成》写得不错，让他继续写下去。""最高指示"一经下达，姚雪垠才未遭揪斗，躲过了皮肉之苦，未完成的《李自成》第二卷原稿也因此而未被造反派查抄，得以幸存。

一九七二年十二月二十六日晚，正在五七干校喂牛的江晓天突然接到立即回京的通知，回京后才知道，是让他继续编审《李自成》第二卷。他又一次南下武汉，因介绍信上盖的不是"革命委员会"的印章，竟没有一家招待所和旅社允许他住宿，最后只得到火车站附近的一家嘈杂的骡马大店去与牲口为伍，过夜避寒。此时的姚雪垠，也是刚结束五七干校生活，正面对重重干扰和种种矛盾，有一种难以言说的苦痛……他与江晓天劫后重逢，真是悲喜交集。但在那样动荡的岁月，姚雪垠根本无法坐下来专心对《李自成》第二卷初稿进行推敲、修改，进度十分缓慢。心急如焚的姚雪垠，每遇难题，总是先写信向江晓天求救。一九七五年九月二十八日，在毛主席对《创业》做出了批示的背景下，江晓天给姚雪垠复信："最近有个想法，供你参考：可以给主席写封信，报告《李》稿的写作情况和你的愿望。所传主席一卷说的话，虽尚待了解确切，但看来是有这回事，说明伟大领袖对《李自成》一书是关心的。你已近高龄了，虽然健康状况较好，但要完成五卷，还是抓紧时间为好。出版晚两年问题不大，我是想早把它搞好，包括早点排印，多听听工农兵和各方面的意见。目前这种情况无法进行。妥否，请酌定。"经过再三思虑，姚雪垠接受了江晓天的建议，斗胆写了《上毛主席的信》，汇报处境，诉说苦衷，

"希望再次获得您的支持，使我能够比较顺利地完成《李自成》……"一九七五年十一月二日，毛主席看过由邓小平转呈的姚雪垠的信和胡乔木写的情况报告后，立即批示："印发政治局各同志。我同意他写《李自成》小说二卷、三卷至五卷。"从姚雪垠信寄出到毛主席批示，共十四天。回过头来看，如果江晓天稍有犹豫，给姚雪垠复信晚了几天，姚雪垠上书毛主席不是十月，而是开始"反击右倾翻案风"的十一月，他的信经由胡乔木、邓小平转呈毛主席就绝不可能了。姚雪垠的这封信，刚好搭上邓小平复出后大起又大落之时的最后一班车，这不能不说是他的幸运。因此，当后来《李自成》荣获首届"茅盾文学奖"时，姚雪垠怀着深厚的感情说："如果有人问我谁是《李自成》的伯乐，我只能回答说是江晓天。他是我在困难时期遇到的第一个知音。我将永远感激他！"

江晓天的胆识和魄力，早为文学界的朋友广为称道。著名作家秦牧就曾夸他是编辑中最有学问的人。因此，当作家出版社在一九八三年恢复建社时，中国作协党组决定请他来兼任总编辑（他时任中国文联书记处书记、理论研究室主任）。我闻讯后，就和《新观察》编辑部主任张凤珠一起去他家拜访，表示愿投奔他的麾下，学当一名文学编辑。他当即一口答应，并说，最好从人民文学出版社物色一个行家来搭建编辑部的班子。张凤珠提议找龙世辉如何？他说好，就找他！后来，张凤珠、龙世辉和我都先后如愿以偿地调入了作家出版社……此刻，当想起我在作家出版社二十年的编辑生涯没有虚度，对领我入道的江晓天依然心存感激。

李清泉，"徒有编辑家之名而实不至"

在《"四大名编"的故事》中，孙晶岩曾提到《羊舍一夕》发表"十八年后，汪曾祺又写出小说《受戒》，崔道怡激动万分，称之为可以传世的精品。由于种种原因，这篇作品未能获奖。崔道怡便将《受戒》收进自己编辑的'获奖以外佳作选本'中，以一种特殊的方式鼓励汪曾祺。汪曾祺不负众望，很快又写出了佳作《大淖记事》，荣获一九八一年全国优秀短篇小说奖"。其实，是《大淖记事》发表于前（载《北京文学》一九八一年第四期），崔道怡编的《获奖以外佳作选》出版于后（一九八五年由百花文艺出版社出版）。而说起《受戒》的问世，就不能不说到一位德高望重的编辑家——李清泉。

李清泉

《受戒》发表在《北京文学》一九八〇年第十期上。《北京文学》原名《北京文艺》，是京城的一家老牌名刊，"文革"前的主编是老舍先生。在新时期最初三届的全国优秀短篇小说评奖中，《北京文艺》是仅次于《人民文学》的得奖大户，达六篇之多：张洁的处女作《从森林里来的孩子》、邓友梅的《话说陶然亭》、母国政的《我们家的炊事员》、方之的《内奸》、锦云和王毅的《笨人王老大》、陈建功的《丹凤眼》。除此之外，《北京文艺》还发表了一系列脍炙人口的佳作名篇，像王安忆的《雨，沙沙沙》、陈建功的《京西有个骚鞑子》、王蒙的《风筝飘带》、张洁的《爱，是不能忘记的》……但读者打开一九七八年至一九八〇年的《北京文艺》，却找不到主编或负责人的名字，殊不知这些有影响的作品，都是经李清泉之手拍板发表的。李清泉当时是刊物的实际负责人，但因为他一九五七年担任《人民文学》编辑部主任时被戴上了右派分子的帽子，所以，一九七五年他最初被安排到《北京文学》时，既没有户口，又没有落实政策，只是去主持编辑工作。他热爱文学刊物的本性难移，二十年磨难都经受过了，"四人帮"垮台之后，便甩开膀子大干起来。由于思想上没有框框，也没有一点畏惧感，全凭自己的胆识、热情和严谨的作风为新时期文学的繁荣默默地工作，使《北京文艺》很快在文坛赢得了很高的声誉。在党的十一届三中全会精神的鼓舞下，《北京文艺》编辑部决定从一九八〇年十月起，改名为《北京文学》。为使改刊号一炮打响,编辑部齐心协力,精心准备了几个月,拟推出一期"小说专号"。就在专号全部稿件下厂付排前夕,李清泉果断地抽下了一篇小说,换上了他刚刚读完的《受戒》,出刊后立即在海内外引起巨大反响。

此举说起来颇为有趣。一九八〇年八月,北京市文化局及文联开会研究创作动态,北京京剧团创作组组长杨毓珉心有余悸地发言:"我认为对作家们的创作思想,领导上还要多关心些。现在不提文艺为政治服务,不搞样板戏,不弄'三突出',当然是好事,可也不能完全不讲思想性啊。汪曾祺前两天写了个小说给我看,写小和尚恋爱,有趣倒挺有趣,可主题思想是什么? 有什么教育意义呢? ……"大家听了只是一笑而已,却被有心人记在了心里。此人就是李清泉。会一散,他就叫人找汪曾祺要稿子来看。一边看,一边拍案叫绝,如获至宝。他违反编辑部正常的工作程序,不通过三审,由他直接签发,减少中间环节,免得再生枝节。就这样,最早突破写"人性"禁区的《受戒》得以问世,成了足可传世的经典。

　　从一九七五年十月到一九七八年二月，我曾在北京京剧团创作组与汪曾祺朝夕相处两年多时间。一九八〇年五月，我到北京市文代会上去组稿，见到了汪曾祺。他告诉我，"清查"结束后他没有再写剧本，写了几篇小说自娱，也没地方发表。正好有一篇《黄油烙饼》在手边，就拿给我看了。我说，别人不了解你，我还是了解你的。稿子我拿回去，争取在《新观察》复刊号上发表。《黄油烙饼》在编辑部传阅，都一致叫好。但复刊号付排时，主编又顾虑重重，撤了下来。在几位同仁的力荐之下，主编才勉强同意以末条位置在第二期（一九八〇年七月十六日）发表。汪曾祺收到样刊后，给我寄来了一组散文，并在信中说，"若发不出来，就先把稿存在你那里，反正没有别的报刊可给。"而《受戒》轰动文坛之后，他就一改"门前冷落鞍马稀"的境遇，此前无处可投的稿子立即成了各大文学刊物的抢手货。

　　一篇名作的发表，往往能改变一个作家的命运。李国文就在一篇题为《缘分》的文章中说，假如一九五七年夏天，崔道怡把他的自发来稿《改选》扔进字纸篓的话，也许他能免当"右派"，但他肯定从此与文学无缘，也就不可能在日后成为荣获首届"茅盾文学奖"的著名作家了。读者诸君或许有所不知，其实《改选》的发表，也改变了李清泉的命运。因为他当时是《人民文学》的编辑部主任。他在复审《改选》之后，不仅给了很高的评价，而且还让崔道怡写信，约李国文到编辑部来见面，给了李国文一番热情的鼓励。刊出《改选》的那期《人民文学》（一九五七年第七期）为革新特大号，是创刊以来最丰厚的一期，篇幅增加了二分之一，荟萃沈从文、老舍、王统照、艾芜等名家的新作。然而，赫然排在头条的却是李国文的《改选》！李清泉还特意撰写了《编后记》，说："我们这个时代最富有朝气的青年们，在各方面都不甘于沉寂和畏缩，在文学战线上也是如此。'鸣'、'放'同样鼓舞了新生力量，有不少人写出了比较好的作品。本期所刊载的《改选》、《红豆》，都是新人的作品，希望前辈作家和批评家们更多地关怀他们的创作。"未料，形势急转直下，《改选》就成了大毒草,李国文被打成了右派分子。崔道怡因还是个"见习编辑",逃过了这一劫。而放毒草出笼的罪名就只有李清泉来顶着,也被戴上右派分子的帽子,驱出北京,到北大荒去劳动改造……

一九八一年七月,正当《北京文学》步入鼎盛期,李清泉毅然调离,回《人民文学》任副主编。市文联主席曹禺等人极力挽留他,而他却说:"我是在《人民文学》戴的帽,要摘也要回原单位摘。"他回《人民文学》后,与主编张光年,副主编葛洛、刘剑青共同主持刊物工作至一九八三年六月,又推出一批在全国获奖的优秀作品。葛洛是他在延安鲁艺文学系的同期同学,几十年来结下了深厚的战斗情谊,葛洛一九九三年逝世后,他在悼念文章中提到:"葛洛是五十年代《人民文学》的副主编,都到八十年代了,仍然是《人民文学》的副主编,而且就在这个岗位上,终结了自己的编辑生涯。主持了长期的刊物编辑工作,取得高级专业职称应是理所当然的,可是一九八二年首次布置职称评定的时候,由于名额限制得很少,考虑有些业务上强、又有作为的年轻同志会被堵塞，因此葛洛和我都自动放弃参加评定职称。以后又再一次进行不作名额限制的职称评定，在这样名正言顺的事情上，我们都不愿启齿、不愿伸手索取。因此徒有编辑家之名而实不至。葛洛不追名逐利，更耻于伸手索取和不顾脸面的钻营，我甚至觉得从这个角度谈他，都有点降低档次。"李清泉本人，不也就是文学队伍中这样一位可敬的"徒有编辑家之名而实不至"的前辈么？

王朝垠：不知文学是否也爱我

一九八三年六月，中国作协党组书记张光年不再兼任《人民文学》主编，副主编葛洛、李清泉分别调任中国作协书记处书记、文讲所（后改名鲁迅文学院）所长，由王蒙出任主编，启用周明、崔道怡、王朝垠任副主编。不言而喻，这三位新任副主编就是李清泉所说的原先"被堵塞"的"业务上强、又有作为的年轻同志"。其中，又数王朝垠年轻，时年四十七岁，由编辑部副主任越级提拔为副主编，一时被传为文坛佳话。

王朝垠毕业于武汉大学中文系，与崔道怡相仿，在当见习编辑时，就小试锋芒。时任小说组长的涂光群，把一个老编辑修改过的一篇稿件，请朝垠看看，本意是让他借鉴学习一番。而他阅后竟附上小条十几张，指出老编辑改稿不妥之处。在一般人看来，会觉得是毛头小子对年长者的不敬或冒犯，为圆滑世故者所不为。但王朝垠有一股湖南人的钻劲、蛮劲，想的是对稿件负责。而他指出的不妥处也确为不妥。

王朝垠

于是涂光群只好说，王朝垠所提意见是正确的，请那位老编辑参酌再改。不足半年，王朝垠就越过见习阶段，开始独当一面了。

王朝垠在文学编辑工作中最大的特点是"不欺

无名"，乐于沙里淘金，在阅读大量自然来稿中发现文学新人。一九六四年，在文艺整风后，中国作协领导大力提倡表现新生活新英雄的作品，但这样的好作品实在是一稿难求。贵为国刊的《人民文学》，又不能过分降格以求，发一些概念化公式化的作品去应付差使。恰在这时，他提交了一篇出自湖南某发电厂一个普通锅炉工人之手的小说《迎冰曲》。小说写的是工人和技术人员冒着大风雪抢修电路的故事，很富有生活中英雄人物的真情实感。然而，稿子的字却写得歪歪扭扭，甚难辨认。作者坦言稿已被三家有名气的刊物退过。在这种情况下，一般编辑很可能会将此稿弃置不顾，而王朝垠却硬是本着对这位素不相识的作者及作品负责的精神，耐心地一字一句地读完作品，做出准确的判断。稿件经过复审送到执行主编李季那儿，李季大喜过望，立即将《迎冰曲》发于刊物的头条。中国作协领导看了，大加称赞，并表扬了李季。这位当初的锅炉工人，就是后来成为湖南省作协副主席的著名作家萧育轩。

有人说，王朝垠的头脑像一只灵敏的海底"声纳器"，总能准确、灵敏地探出"鱼"之所在一样，始终关注从无名作者浩如烟海的来稿中发现有"亮点"的作品。如早在"四人帮"被打倒前，叶文玲还是郑州一家小工厂的统计员，王朝垠便注意到了这个字写得娟秀整齐、文笔流畅、投稿甚勤的基层作者。他没有怠慢她，而是每稿必复，以编辑部的名义写上自己对稿件的中肯的意见。就这样，直到一九七七年准备发叶文玲的第一篇小说《丹梅》，她闯进北京东四八条《人民文学》编辑部，拿着王朝垠的亲笔信，才认识了这个指点她许久的编辑。韩少功也是这样，王朝垠一九七七年在湖南与其初遇时，这个汨罗县文化馆的小青年对生活的见解和写作才华，给他留下了很深的印象。一九七八年初，王朝垠编发了他的第一篇小说《七月洪峰》，下半年又编发《夜宿青江铺》，作品一篇比一篇写得好，韩少功也考进了湖南师范大学中文系。一九七九年上半年，又经王朝垠之手发表赢得了许多读者的优秀短篇《月兰》，韩少功从此脱颖而出。其后《人民文学》又发表了他的《西望茅草地》，终于获得全国优秀短篇小说奖。再如叶蔚林的小说《蓝蓝的木兰溪》，一九七九年获全国优秀短篇小说奖，使其一举成名。而他一年前首次在《人民文学》上亮相的小说《地下亮光》，又正是王朝垠从大量自然来稿中发现的。可以说，这"亮光"犹如一粒火种，点燃了叶蔚林后来的辉煌。

王朝垠发现并扶植过的青年作家还有刘震云、李锐、查建英……他们当然不会忘记他。著名作家何立伟曾在一篇散文中写道：一些普通的人，平凡的人，"他们影响了我的成长和人生道路。我的力量来自于他们的一句话，一朵微笑，或者一封信件。他们或许自己都不知道，却让我铭感于心。何况，他们之中有的人，已经不在世上了"。这些人中，"还有王朝垠，《人民文学》的编辑。一位瘦高的、喜欢喝啤酒而且率性天真的人。他有次如厕，顺手从办公桌上拿了篇自由来稿。很幸运，那篇稿子就是我的小说处女作《石匠留下的歌》。他从厕所里出来就趴在桌上给我写回信。他说他发现这是一篇非常有风格的作品。可以作散文发，也可以作小说发。但是作小说发更表明它别具一格的品质。你一定要坚持你的这种风格。他说你的小说是散文化的，诗意的。你要坚持这一点。你会和别人的作品区分开来。一个在工厂的子弟中学教书的年轻人，一个默默无闻的业余文学爱好者，接到心目中最高级别的文学杂志的编辑的亲笔回信，那种狂喜相当于现在的人中了一千万的彩票。它使我在迷雾之中看清了自己的道路。我于是沿着这条路高歌猛进。直到现在，我仍在这条路上跋涉"。

王朝垠父母早逝，在亲友的接济下，才勉强读完初中。为了能继续读书，他给毛主席写了一封信，诉说他的困难和对求学的渴望。果然，县文教局很快就收到中共中央办公厅的批复函件，使他这个优等生上高中、读大学都享受到了国家优厚的助学金待遇。但他走向生活后却屡遭挫折，先是为哥哥的冤案辩护而犯下"立场不稳"的错误，下放到怀来劳动锻炼一年多；"文革"中下放干校劳动，累得面黄肌瘦，胃溃疡发作，住院做手术，胃切除了三分之二；还因"攻击样板戏"而遭到批判……最沉重的打击是在唐山大地震的余波之中,他的爱妻赵延明离家(防震棚)数天不归,当他在她教书的那所大学一间单人宿舍里寻找到她时,她已因吃了过量的安眠药而告别人世,留下了一岁多的女儿丹妮。他一个人抚养女儿,又当爹,又当妈,日子过得极其狼狈。这期间,我受他的一位同窗好友之托,也曾帮他介绍过女朋友。但他那时每月工资仅六七十元,丹妮又自幼智障,是他的一大拖累,生活窘迫好些年,都未能重建起一个家。人们常说,一个成功男人的背后一定有一个鼎力相助的好女人。可王朝垠在新时期文学事业的前沿阵地上屡建战功之时,却没有后方。直到他和蒋子龙等作家到边境去慰问自卫反击战部队时因车祸而摔断了肋骨,需要有人照顾,与他有缘的苏巧勤(她妈妈系照顾丹妮的保姆)才从遥远的通化调入北京,使他得以有了一个温暖的家。可好景不长,一九九三年十月十五日,在他失去工作岗位两年之际,终因心肌梗塞而猝然倒在了故乡的土地上,把年轻体弱的妻子和女儿丹妮、丹娜撂在了京城,身后一片萧条……

行文至此，我又一次翻开了《人民文学》创刊四十周年时印制的精美纪念册，默诵起王朝垠写在他一张潇洒的头像旁的小诗：

"路漫漫其修远兮，
　吾将上下而求索。"
——究竟是怎么回事呢？
　我的爱！
屈夫子两千多年前便唱着
　我心中的歌？
已经好几十年了。
我爱文学，
但至今仍不知：
　文学是否也爱我。

是啊，文学爱他吗？爱像他这样在很大程度上担负着当代文学兴衰的一个个名编吗？

二〇〇七年三月十五日

"这个女人很刁"

一看这标题，读者朋友定然要问，这个刁女人是谁呀？

请注意，我特意在标题上加了引号，是因为有人曾这样骂过江青。

我想，如今用刁女人来形容曾祸国殃民的江青，谁也不会提出异议。可是这句出自著名戏剧家张庚之口的骂声，不是发生在"四人帮"垮台之后，而是在江青"偶然露峥嵘"的一九六四年底，当时，身为"第一夫人"的她，正以"流动的哨兵"身份杀进文艺阵地，搞所谓革命样板戏，大抓意识形态领域的阶级斗争呢！

日前，我在《文汇报》笔会副刊上读到梁信先生的《坦荡宗江》，文中提到十年浩劫中"黄宗江交代第一号"材料，计有二十二条"恶毒攻击江青的罪行"，若在当时而论，哪一条都可以将黄宗江立即处死。幸而办案人员怕背上"扩散"的罪名，没有将此材料上交，悄悄压了下来，拖到一九七六年底就只得发回黄宗江去"自行销毁"了。然而，张庚则没有如此幸运，他为了"这个女人很刁"这句话，曾在一九六八年夏天挨了一场批斗。

这场由进驻文化部的工、军宣队精心组织策划的批斗会在中国戏曲研究院四楼礼堂举行。"文革"前，张庚是中国戏曲研究院院长，运动一开始，他就被作为戏曲研究院的头号走资派揪了出来，关进牛棚。一九六七年第六期《红旗》杂志发表题为《欢呼京剧革命的伟大胜利》的社论，在对江青大唱颂歌的同时，大批"党内最大的走资本主义道路的当权派伙同前北京市委的反革命修正主义头头，以及周扬、齐燕铭、夏衍、林默涵、田汉、张庚之流，利用旧京戏，进行资本主义反革命复辟活动"……众所周知，"文革"中，只要谁一被"两报一刊"（即《人民日报》、《解放军报》和《红旗》杂志）点名批判，就等于其政治生命被宣判了死刑，彻底被打倒了。就从那时开始，张庚归属中央专案组管辖。但是，无论怎样内查外调,历史清白的张庚充其量就是执行所谓刘少奇、周扬"文艺黑线"的问题,再上不了别的什么纲。工、军宣队进驻文化部后,忽然间有了批斗张庚的"重磅炸弹",召开全院大会,勒令他当众交代恶毒攻击江青的反动言论。会场上张贴的标语就是"谁恶毒攻击江青同志就砸烂谁的狗头"、"誓死捍卫文化革命的英勇旗手江青同志"之类。张庚是经历过延安时期"肃反"和"整风"的"老运动员",对"逼供信"那套惯用的整人手段早就心中有数,因此,无论面对如何的批斗阵势,他都一口咬定:"我没有恶毒攻击过江青同志!"就在张庚"拒不交代"的情形下,工、军宣队使出杀手锏,引证人上场。这证人的出场着实令与会者一惊,他居然是戏剧界以外的人士——著名画家邵宇!

我记得邵宇那天出场时战战兢兢,始终低着头,主持批斗会的军宣队领导人厉声问他一句,他机械地答一句。

——"张庚恶毒攻击过我们敬爱的江青同志没有?"

——"攻击过。"

——"他是怎么攻击的?"

——"他说……说'这个女人很刁'。"(显然,原话应是"江青这个女人很刁",邵宇怕背上重复攻击和扩散的罪名,小心地隐去了江青的名字。)

——"攻击的时间、地点?"

——"一九六四年十月,在北京去通化的软卧车厢里。"

张庚虽然没有想到邵宇的突然出现,但他在愕然地看了邵宇一眼之后,仍沉着地回答:"那年去通化搞'四清',戏曲研究院的同志和人民美术出版社同志同行,我和邵宇在车厢里聊过天,但没有攻击过任何人。"

主持批斗会的军宣队领导人为打下张庚"负隅顽抗"的"不老实"态度,又让邵宇重复了一遍证词。没想到张庚不仅依然予以否认,而且还反问:"若有此事,邵宇早就该揭发了。我哪能活到今天呀?"

"老奸巨猾!"军宣队领导气愤地骂了张庚一句后,就领着大家高呼口号,"坦白从宽,抗拒从严!"

"谁反对江青同志就打倒谁!"……

邵宇的"揭发"毕竟只是孤证,张庚拒不承认,工、军宣队也拿他没有办法。这场批斗会就只得草草收兵。但张庚在会上的表现,却在戏曲研究院广大群众中留下了深刻的印象。此前,在我的心目中,张庚只是个文质彬彬的甚至有点儿书呆子气的专家、学者,没想到他的政治斗争经验竟这么丰富!心想:毕竟姜还是老的辣呀!

其实,那天所有与会的戏曲研究院的革命群众心知肚明,张庚当年肯定是骂过类似"江青这个女人很刁"的话。这是因为,张庚领着大伙去通化搞"四清",就是在全国京剧现代戏观摩演出结束之后,实际上是在遭横行霸道的江青无端指责和训斥后,被轰下乡的。那年的京剧现代戏观摩演出,中国戏曲研究院实验剧团创作排演了两出大戏:《红旗谱》和《朝阳沟》。彩排时受到了周扬、林默涵等中宣部领导的充分肯定,在戏剧界引起了轰动。未料,临到观摩演出前,江青突然前来审查,分别给《红旗谱》、《朝阳沟》强加上了"歌颂错误路线的大毒草"和"音乐'四不像'"的罪名,"枪毙"掉了。这两出大戏,是张庚亲自抓的,不仅倾注了他的心血,而且也是集中体现了全院在戏曲研究和创作上的丰硕成果。张庚从二十世纪三十年代从事左翼戏剧活动,到四十年代担任延安鲁艺戏剧系主任,成为新歌剧《白毛女》创作集体的主要组织、指导者……是一个具有丰富实践经验的戏剧家,京剧《红旗谱》和《朝阳沟》的创作成功,再次证明他是戏剧界的领军人物。而此时,自诩为"流动的哨兵"的江青,抢占了几块"试验田",要来争当京剧革命的"旗手"了。她怎能让张庚亲自抓的《红旗谱》和《朝阳沟》参加京剧现代戏观摩演出呢?张庚窝着一肚子火赴东北搞"四清",在软卧车厢里,私下里与邵宇聊天,对飞扬跋扈的江青流露出反感和厌恶情绪,也就在所难免了。

按照周扬的指示,张庚是想在中国戏曲研究院建一个京剧现代戏的创作基地的。其实验剧团,集中了几十名中国戏曲学校毕业的高材生,编剧除已拥有吴祖光、马少波、晏甬等著名剧作家外,还准备把贺敬之、杨兰春调（或借调）来，带一批新生力量。我就是那年从几所重点大学挑选到中国戏曲研究院从事剧本创作的十一名毕业生之一。到京报到后才一个多月，就随张庚下乡搞"四清"去了。东北农村生活之艰苦，远远超出了我们的预料，几个月下来，好些人的身体都支撑不住了。为了使大家的生活有所改善，"四清"工作队决定回京过年休整。当时，我们十一名大学毕业生中的傅活（后来任《小说选刊》副主编），因患胃穿孔刚做了手术，所以组织上破例给他买了一张软卧票。当时乘车的待遇是很严格的，年轻干部一律是硬座，处级干部才能乘硬卧。而乘坐软卧，仅张庚和邵宇两位老革命而已。作为轮流去照顾傅活的同伴，我第一次新奇地进了舒适的软卧包厢，也就是在那里，使我与时任人民美术出版社社长的邵宇有了一面之识。记得张庚在向邵宇介绍我和傅活时，告诉我们说，邵宇原是新四军的干部，皖南事变后，与叶挺军长一起在上饶集中营蹲过牢。此前，我就很喜欢邵宇访问古巴的一组水彩速写，得知他的非凡革命经历后，就更对他肃然起敬了。没想到几年后再见到他时，竟然是在批斗张庚的大会上。我想，这位在"文革"初期也遭受冲击的"走资派"，一定是"老革命遇到了新问题"，以为"揭发"已被《红旗》杂志公开点名批判打倒的张庚，是他忠于毛主席的一次戴罪立功机会呢！

那年秋天，文化部系统（包括中国文联、中国作协在内）的干部就连锅端似的下放到团泊洼和咸宁五七干校劳动改造去了。一九七二年底，张庚到我所在的二排五班来找吴祖光（因他俩是中央专案组的审查对象，连里安排他俩每天在一起干活、学习），见我学做了一张小板凳，就说："你的手艺真不怎么的！你找些木材来，让我有空做个马扎送给你。"做马扎是要有很高手艺的，我怀疑他同我开玩笑，说："别骗我了。"未料与我既是老乡、又床挨床在一起住了三年的吴祖光插话说："张庚从来都说真话。他确实是木匠出身，没骗你。哪天让他露一手给你瞧瞧。"遗憾的是，此后不久我就接到调令回北京，重新走上了工作岗位。不仅张庚未来得及为我制作小马扎,而且我也再未得到在他指导下从事剧本创作的机缘。虽说在从我离开团泊洼五七干校到二〇〇三年秋张庚以九十二岁的高龄与世长辞的三十年间,我再没有与他老人家有过接触来往,但每当想起他在特殊岁月里敢于同刁悍蛮横的江青抗争的往事,我都会为自己有过这样一位"从来都说真话"的老领导而深感有幸。作为一个文艺工作者,坚持一辈子说真话,不就是最基本的操守和最高的精神境界么?

二〇〇六年十二月三十一日

附记:

昨日,我从首都图书馆借得《楼适夷同志纪念集》(人民文学出版社二〇〇五年五月版),读其中许觉民《追思适夷》一文,发现有一段记述"文革"之初,中央派工作组把"我们这批人包括适夷在内,一起弄进了包括文化部、文联、作协的有关人员在内的'集训班'里去"的文字:

在集训班,陆续被批斗的是文艺界的一些头面人物,如林默涵、田汉、邵荃麟、张庚、夏衍等人。有一次,适夷悄悄对我说,什么时候怕要轮到我们这批人了。……在批判那几个头面人物时,场面很紧张。先是由本人上台去作"检查",大体都是只讲五分钟左右之后,便有会场上布置好的人起立提出质问,大声呼叫要说关键问题,不准避重就轻之类,接着便是大轰大嗡,喊着"滚下来"等粗鲁语言。还有的便是责令台上人交代某一问题,有一次批判张庚时,有人递了纸条给主持人,主持人立即要张庚交代,在某地某时曾说过"江青是个刁妇"。张庚不语,接着就台下一片大叫,乱了一阵。这时我正同适夷坐在一起,出会场后他悄悄对我说,张庚这类话别人包括适夷自己都说过,倘追究起来,将何以堪?我说,你不认账就是了。只要没有人揭发,不会有事的。这一次,似乎加重了适夷的精神负担,好几天他一直没有说话。

许觉民与楼适夷，均时任人民文学出版社副社长兼副总编辑，他的这段回忆是很珍贵的史料。因一九六六年六月中央向各大单位派出工作组，是刘少奇、邓小平所为，待八月五日毛泽东号称"我的一张大字报"《炮打司令部》一出来，派工作组就成了刘少奇、邓小平推行所谓"资产阶级反动路线"的一大罪名，立即撤销了。而当时派驻文化部、文联、作协的工作组总部，就设在我的工作单位中国戏曲研究院。我当时还是单身，和十多个大学毕业生一起，就住在东四八条中国戏曲研究院办公楼内的集体宿舍里。中央工作组一进驻，张庚、晏甬、马远、郭汉城等院领导人，全都进了设在中央社会主义学院的集训班，其余的工作人员迁到位于后门桥的中央实验话剧院旧址搞运动，背对背揭发批判张庚等"走资派"，而我们这批尚单身的年轻干部，则被临时安置到左家庄附近刚建成的单元楼房里去住，前后有两个多月的时间。因中央工作组的成员是从中央各部门和部队临时抽调来的干部组成的，散摊子后，造反派就纷纷夺权，文艺界一片大乱，就无人问津工作组留下的有关资料了。我推断，可能是在一九六八年工、军宣传队进驻文化部、文联、作协后，接管了一九六六年夏中央工作组留下的有关集训班的材料，才从中发现了那张有人揭发张庚曾说过"江青是个刁妇"的纸条。递纸条给批判会主持人的，无疑就是时任人民美术出版社社长的邵宇。从许觉民的这段回忆文字看，此事在集训班造成了很坏的影响，因此，也就给他留下了极深的印象。从中也可以看出，张庚从"文革"一开始就以"不语"来对抗对他的批判，不愧是条硬汉。

二〇〇七年四月二十日

从俞珊说到田汉与江青的恩仇

一

一九六六年"红八月",我正在我所在的中国戏曲研究院传达室等电话。那时电讯业不发达,一般干部的办公室都没有装电话机,与外界的电话联系,都在传达室进行。电话铃响了,我以为是我的电话,急忙拿起话筒接听,结果对方急吼吼地说:"我是俞珊,附近中学的红卫兵闯进我家来了!院里快派人来救救我吧!"我是一九六四年八月分配到中国戏曲研究院工作的大学毕业生,报到后一个多月就下乡搞"四清"和深入生活去了,两年来,在院里正常上班仅几个月时间,从未听说有个同事叫俞珊。于是就问传达室的老张。老张连连摇头,说他也不认识。我问对方:"你是否打错电话了?"她说:"怎么会打错呢？你快给找院领导!"当时院一级领导都到设在中央社会主义学院的集训班学习去了,留在院里的最高领导,只有行政办公室主任王子丰了。王子丰来接完电话,就对我说:"快去把你们室的年轻大学生多叫几个来,跟我去一趟俞珊家。"我忙问:"俞珊是谁呀？她是哪个室的?"王子丰反问我:"俞珊当年是中国第一个话剧女明星呀,你怎么会不知道呢?"

我在南京大学读的虽是历史系,但一进校就参加了校话剧团,并任校文学社诗歌、戏剧组组长,看过《中国话剧五十年史料集》,不仅对俞珊演《莎乐美》和《卡门》的剧照有很深的印象,就连徐志摩为她写诗等的趣闻轶事也是听我的恩师赵瑞蕻(他是闻一多先生的学生)说起过的。只是我不明白,她怎么会在中国戏曲研究院工作呢？在骑自行车去俞珊家的路上,王子丰才告诉我们:"咱们院有两个不在正式编制之内的挂靠人员:俞珊和许姬传。俞珊一九四八年投奔华北解放区。新中国成立后,先在江苏省京剧团工作,后来是田汉任文化部艺术局局长时安排她每月到咱们院来领生活费的;许姬传是梅兰芳院长从前聘的私人秘书,梅院长逝世后,艺术局就让咱们院每月给他发生活费。因他俩都不用来上班,所以平时谁都见不着……"

当我们骑着自行车,飞速赶到朝阳区三里屯附近的俞珊家时,只见房间里一片狼藉,瘫坐在沙发上的俞珊正掩面而泣,当她抬起头来想同老王打招呼时,简直令我们大吃一惊:她的头发已被红卫兵小将剪去了半边,变成"阴阳头"了。还未等老王开口,一个像是红卫兵头目的女孩冲到俞珊跟前,气呼呼地追问:"快说,你把海外来信藏在什么地方?"正在翻箱倒柜查抄"海外来信"的另几个红卫兵,仿佛听到了紧急命令,迅即聚拢过来,对俞珊形成围攻之势,七嘴八舌一通吼叫,逼她快把"黑信"交出来……这时我才听明白,原来俞珊的叔父俞大维、姑妈俞大彩都在台湾,俞大维不仅是"国防部长"兼"交通部长",而且和蒋经国还是儿女亲家。那天天很热,俞珊被那帮红卫兵纠缠久了,口干舌燥,红卫兵也不允许她去烧口水喝,她只得打开桌上的茶叶盒，抓一撮茶叶放进嘴里，不停地咀嚼，以此生津清火。而老王和我们五六个年轻的"臭老九"，面对红卫兵这样的造反场景，都束手无策，谁也不敢吭声。反倒是俞珊被红卫兵小将们逼急了，才壮起胆嚷嚷起来："他们是中国戏曲研究院的革命群众，可以证明我的兄弟姐妹都是共产党的干部，从来与国民党反动派没有任何联系，你们不是在我屋里翻遍了吗，哪有海外来的信件呀？"……红卫兵们看我们人多势众，就悻悻地撤了，领头的那个女孩，出门时还甩下一句话："你这个臭明星，看你还能表演几天！"

红卫兵小将们撤走后，王子丰对俞珊安慰了几句，并劝她以后不要与红卫兵小将们硬顶，免得受皮肉之苦。这些天风头正紧，不如先到哪个亲戚朋友家去躲一躲……年轻时擅演大胆泼辣女性的俞珊，此刻已变成一个泪流满面的可怜角色，连声哀叹："这是什么世道啊，把我弄成这副模样，叫我怎么出门啊？！"……当我们离开她家时，她左手捂着"阴阳头"，右手又抓了一撮茶叶塞进嘴里，不停地咀嚼起来。一晃四十多年过去了，这个镜头，依然清晰地浮现在我的脑海里。那时候，"文化大革命"刚刚开始，谁也咀嚼不出它究竟是什么滋味儿。

记得在回院的路上，王子丰对我们几个说，俞珊的家庭背景很复杂，她的弟弟叫黄敬，新中国成立之初是天津市委书记。黄敬最早的妻子蓝苹，当年就是通过俞珊的关系进入上海演艺界的。他还叮嘱我们几个说："我劝俞珊出门躲一躲，就是以后再出什么事，千万别来找咱们研究院的同志。你们都是刚进院才两年的年轻人，与她毫无瓜葛，她的历史情况也别再去向人打听了。"

我们都知道，他说的蓝苹，就是江青。那年月，不论你是有意还是无意，只要是打听蓝苹的经历，就是整"中央文革首长"的黑材料，非打成反对无产阶级司令部的现行反革命分子不可。因此，在十年浩劫中，我的同事们，谁也没有再提起过俞珊。直到"四人帮"垮台，公审江青时，我才查阅有关资料，了解到俞珊的大概身世和她与江青的干系。

二

俞珊是浙江山阴（今属绍兴市）人，家世显赫。祖父俞明震，前清翰林，曾任江南水师学堂督办（即校长）等职，是鲁迅的尊师；祖母则是曾国藩的孙女。因其父俞大纯曾留学日本，所以她一九〇八年出生在东京。其三弟俞启威（即黄敬）于一九一三年生于北京。幼时，俞珊随家人住在南京的祖父俞明震家。俞宅在上海哈同路，家里很阔绰，其父亲出入总坐小轿车。一九二四年，俞珊随母亲搬到天津居住，进入南开女中读书。而俞家的"三少爷"则入读南开中学，后又转入汇文中学读书。演话剧在南开一直盛行。翻开一部话剧发展史，我们就不难发现，从一九〇七年李叔同、曾孝谷、陆镜若、欧阳予倩等创办的春柳社在日本东京演出《茶花女》和《黑奴吁天录》起，剧中的女角色无不由男子扮演。如李叔同为扮演茶花女玛格丽特时，就毅然刮掉了蓄须，并自费巨资做了茶花女的服装。在招收女生

年轻时的俞珊倩影

之前，南开也只有男学生上台表演，青年周恩来就曾在南开新剧团扮演过多部戏中的女角色。南开女中成立后，虽然也排练新剧，但男女不同台的情况一直维持到一九二八年，曹禺就曾在一九二八年反串过易卜生《人民公敌》中的女角色。正是在南开读书期间，俞珊登上了话剧舞台，成为最早登上话剧舞台的第一代女演员。容貌俏丽、多才多艺的俞珊很快成为天津的一颗"新星"：一九二五年三月十一日的天津《益世报》上刊登消息，介绍天津妇女国民会议促成会三八妇女节纪念大会的新闻。这次纪念大会上，由于方舟、邓颖超等人演讲，而大会上唯一的文艺演出即为俞珊的钢琴独奏。

由南开女中毕业后，俞珊考入上海音乐学院。一九二九年，田汉至该校导演《湖上的悲剧》，发现了芳龄二十的她不仅有双令人销魂的"金色眼睛"，而且有演剧天才，旋即邀请她加盟南国社。七月，南国社在南京公演，俞珊以火一般的激情点燃了观众，她表现的"莎乐美之吻"——求爱不得割所爱者头颅捧吻的一幕,使她成为了中国话剧史上的第一位女明星。

田汉领导的南国社是当年上海最活跃和最具深远影响的一个文艺团体。史家早有定论:"中国之有新戏剧当自南国始","有了南国的戏剧,新剧才恢复了生命。"俞珊主演的《莎乐美》是英国唯美主义作家王尔德的名剧,由田汉亲自翻译并执导。关于这出世界名剧的演出,田汉说:"中国剧坛过于荒凉,这样美丽的花栽上一朵也许还有些功利的效果。"施寄寒在《南国演剧参观记》一文中记载了一九二九年七月六日该剧在南京首演时的盛况:"是晚全场座位不过三百左右,来宾到者竟达四百以上,场内空气甚为不佳。"由于当时观众太多,以至于剧场秩序混乱,因此从第二场开始,票价由六角提高到一块大洋。这在当时是相当大的数目,因而遭到了观众的抱怨。而在此之前,南国社演出的翻译作品《父归》和《未完成之杰作》,效果并不佳,票价仅分别为两角和五角,也难以推销出去,几近门可罗雀。那么,《莎乐美》的公演为什么会引起轰动呢？据吴作人回忆，《莎乐美》的"写实布景"是他设计的，首次采用"写实布景"，这在中国戏剧界，南国社是首开先例者。再就是莎乐美"七重面纱之舞"的配乐，用的是贝多芬的小步舞曲，由冼星海和吴作人一起演奏：冼星海弹钢琴，吴作人拉小提琴。而《莎乐美》的演出取得成功的主要原因，是在于莎乐美的扮演者，启用了"容貌既美，表现又生动"的舞台新秀俞珊。她的表演激情四射，大胆泼辣，生动地再现了这一求爱不得便割下所爱者头颅捧着亲吻的犹太公主形象，从此声名鹊起。她那张求爱不得便割下所爱者头颅捧着亲吻的剧照，成了中国话剧史上的经典形象，直至二〇〇三年，还作为标志性的画面用在了新出版的一部《插图中国话剧史》的封面和封底上。

一九三〇年，俞珊又参加了南国社的第三期公演，在田汉改编的《卡门》一剧中任主角。因为她的个性和舞台形象十分适合具有叛逆性格的角色，塑造了一个热爱自由、富有反抗精神的吉卜赛女郎形象，所以评论者予以高度评价："俞珊演得热情泼辣,十分动人。"

俞珊塑造的莎乐美和卡门的艺术形象,不仅深得广大观众的喜爱,而且还竟然迷倒了包括梁实秋、徐志摩在内的一批大名鼎鼎的文人雅士。诗人徐志摩当时就在南国艺术学院任教,和陆小曼住在上海四明村临街的一幢楼里。房子共有三层,宽敞明亮,其中三楼是徐志摩的书房,厚厚的地毯、精致的椅垫、墙上钉着些斑斓的蝴蝶标本和一幅俞珊《莎乐美》的剧照,而在剧照旁挂着的,竟然是俞珊的一件舞衣。这就说明,徐志摩拜倒在俞珊的石榴裙下,不仅到了痴迷的程度,而且在陆小曼面前也毫不掩饰。有一次,俞珊到上海演出,徐志摩和几个追星族挤到后台看俞珊化妆,俞珊忽然喊道:"啊呀,真要命,我要小便,我要小便!"没想到徐志摩不知是书呆子本性,还是诗兴大发作,居然急急忙忙到处找,结果还真的找到了一只痰盂,一本正经地双手捧着痰盂,口中喊着"痰盂来哉!痰盂来哉!"一路小跑送到俞珊面前,大献殷勤。在演《卡门》时,俞珊为了塑造好卡门的形象,常登门来向徐志摩请教。陆小曼终于"吃醋"了,说俞珊"肉感",有一种诱人的力量。因此,陆小曼常常为此而和徐志摩发生争吵。徐志摩说:"你要我不接近俞珊很容易,但你也管着点俞珊呀!"……

三

俞珊主演《莎乐美》、《卡门》成名之后,上海各报刊纷纷登载她的剧照、报道,红极一时。很多朋友也在她父亲俞大纯面前频频称赞她的成功。但俞大纯却认为长女俞珊是名门出"戏子",很不光彩,并以要登报脱离父女关系相要挟,禁止女儿再登台演戏,迫使俞珊未能将话剧表演事业进行到底。一九三〇年,梁实秋接受国立青岛大学校长杨振声的邀请,到青岛大学执教,任外文系主任兼图书馆馆长。此时,俞珊在上海患上了疟疾和伤寒。梁实秋到青岛后,仍难以忘却上海的俞珊,常常在给徐志摩的信中,垂询她患病后的近况。俞珊闻讯,甚为感动。身体稍稍恢复后,她便"追随请益",

来到梁实秋任馆长的青岛大学图书馆任职，"借作息养"。"莎乐美公主"俞珊在青岛大学搅乱一池春水，这位貌美的话剧演员，引来明里暗里不少追求者，带出一串包括闻一多在内的青岛大学名教授的"艳闻"。沈从文先生当时曾将所见写进了小说《八骏图》，加以影射。梁实秋对"艳闻"的解释是："一是有情人终于成了眷属，虽然结果不太圆满，一是古井生波而能及时罢手，没有演成悲剧。"前者是指接替杨振声任青岛大学校长的赵太侔，为了追求俞珊而休掉了结发妻子，后者则是指闻一多一九三一年暑假将妻子送回湖北乡下，在对俞珊的情感刚刚生出蓓蕾时就痛苦地把它掐死了……二十世纪八十年代梁实秋在台湾公布了《奇迹》的姊妹篇《凭借》："每次你说那片云彩多美，/每次，/你不知道我的心便在那里恶骂：/怎么？难道我还不如他？"梁实秋回忆，这首诗是闻一多"在青岛时一阵情感激动下写出来的"。

赵太侔是山东益都人，曾任教于北平国立艺专，是二十世纪二十年代国剧运动的倡导人之一，后在美国哥伦比亚大学留学期间，与爱好话剧的闻一多、余上沅、熊佛西、张嘉铸结交，一起开展"国剧运动"，归国后致力于戏剧改革。俞珊的弟弟俞启威（后改名黄敬），先跟着俞珊参加了田汉创办的有着明显左翼文化团体色彩的南国社，后又跟着姐夫进入国立青岛大学物理系，一九三一年"九一八"事变后成为反日运动的积极分子和共产党员。正是在一九三一年，赵太侔先前的学生李云鹤（江青）来到青岛。一九二九年秋，赵太侔任山东实验剧院院长时，李云鹤考入该校就读。一年后，学校停办，李云鹤前往北平寻找出路。"九一八"事变后，她又折回青岛，通过赵太侔的关系，在青岛大学谋了个图书馆借书处管理员的职位。

俞珊自从与赵太侔结婚后，就离开了繁华的大上海，在青岛幽静的海滨新居里过着恬淡闲适的生活。李云鹤虽只比她小七岁，但一口一个师母地叫得很甜，目光中还流露着尊敬、羡慕，十分讨人喜欢，再加上她们对京剧和话剧都有浓厚的兴趣，所以两人谈得十分投机。俞珊把自己的相册拿给她看,将剧照一一展示。李云鹤对上海戏剧界的人士尤其感兴趣,不停地问这问那,俞珊都耐心地一一作答。就这样,一来二去,李云鹤成了赵太侔和俞珊家的常客,并在此结识了俞启威。一九三二年春夏之交,他俩由热恋而发展到正式宣布同居。一九三三年初,李云鹤在俞启威的介绍下正式加入了中国共产党。不久,俞启威以青岛地下党支部宣传委员的身份,由组织安排,住进了党的联络机关,党交给李云鹤的任务是掩护俞启威的工作。未料,四月间俞启威突然被捕,为了不让李云鹤受牵连,便故意请警察局转告她"另寻出路"。恰在此时,上海明星公司导演史东山来到青岛,到赵太侔家拜访,他想动员俞珊再回上海演话剧。赵太侔当然不会答应,于是他和俞珊借此良机向史东山推荐了李云鹤。李云鹤穿着俞珊送给她的旗袍来到举目无亲的上海滩,就凭着俞珊写给"伯乐"田汉的一封信,以俞珊"表妹"的身份在田汉家借住,并通过田汉的关系,从此以蓝苹的艺名混迹于大上海的演艺界……

谁料三十年后李云鹤摇身一变,成了"文化革命旗手"江青,竟然恩将仇报,先是在一九六四年的全国京剧现代戏观摩演出期间,伙同康生拿时任中国戏剧家协会主席的田汉开刀,把他编剧的《谢瑶环》定性成"为民请命"的大毒草,接着又在林彪委托她召开的部队文艺工作座谈会《纪要》里,把《中国话剧五十年史料集》说成是"少数所谓'文艺批评家'"(田汉显然首当其冲)"企图伪造历史、抬高自己"的代表作,"要有计划地进行彻底的批判"……而到一九六六年夏天,也就是红卫兵小将抄俞珊家的时候,田汉已被打成"黑帮分子"关进"牛棚",韦君宜在《思痛录》中,记下了这样一段真实的细节:"田汉到食堂吃饭,有一根肉骨头实在咬不动,他吐了,被'革命群众'当场斥骂之后,喝令把吐的东西全部重新咽下去……"一九六七年二月十七日,田汉被关入专门关押高级政治犯的秦城监狱,后因冠心病和糖尿病被化名李伍送进三〇一医院,一边接受治疗,一边接受审讯,于一九六八年十二月十日病逝于医院,终年七十岁。田汉死时,专案组没有

田汉和他的母亲易克勤

通知家属。在家中等他归来的,是年届百岁的老母亲易克勤。老太太做梦也不会想到,当年天天吃她亲手做的大碗湖南菜的李云鹤,发迹以后会把她写了中华人民共和国国歌歌词的大儿子活活整死了。

一九六八年四月二十四日,早就与俞珊离异的赵太侔在青岛投海自尽,终年七十九岁。俞珊也死于一九六八年,终年仅六十岁。她怎么会死得这么早呢?莫非也是死于非命?我向多位当年中国戏曲研究院的同事打听,也向几位撰写过田汉传和江青传的作家、学者咨询,均没有人能回答出她是怎么死的、死在何处……但有一点是可以肯定的,她死于史无前例的浩劫之中,而她蒙难之日,正是江青大露峥嵘、不可一世之时。其时,江青已将知其底细的王莹、赵丹、郑君里、孙维世等文艺界的著名人士投进监牢,而孙维世也正是在一九六八年惨死于囹圄之中。我想,无论俞珊最终死于何因,临终之际,一定会对她昔日热心救助过的"表妹"、后来已变为迫害狂的江青痛恨不已吧?

初稿写于二〇〇七年五月十一日,
二〇一四年十二月十七日修订

远飞的不死鸟

下午五点来钟，我上街归来，妻子刚看完今天报上一则否认陈晓旭已病逝的消息，感叹真是红颜薄命……这消息我上午就留意到了，为了解事态进展，我进书房启开电脑，就见新浪网首页赫然标出一条陈晓旭病逝已被证实的新闻，我急忙回到客厅，将此消息告诉妻子。而此时，她正噙着眼泪在接电话，我以为是有朋友打来电话先证实了呢。没想到她放下电话对我说："是你的好朋友张聂尔走了！"

这噩耗虽来得突然，但即使是在十年八年前，我也会相信是真的。因为聂尔早在三十年前，就接到了一张"恶性淋巴癌"的死亡通知书。二十多年来，她住院动了十次手术，做了数不清的放疗、化疗，也就是说，以"九死一生"来形容她生命力的顽强，已经不够了。可以说，谁也不会相信她能活到今天。记得是二○○
○年初，她因尿血，血
色素从十三克降至四
克，大夫审阅了她的病
历后，不知道坐在对面
的就是患者，居然惊奇
地问一旁的护士："怎
么，这病人今天还活
着？"应该说，她在抗癌
史上创造了一个惊人

张聂尔

的奇迹，惊人的不只是她对生命的珍惜，而是在与
病魔抗争的同时，她已成长为一个高产的作家。当
年，她曾手拿着判了她"死刑"的病理报告说："假如
上帝赐我不死，我将用我的余生做一件事：写作。"
她没有食言，果然接连写出了《上流风情》、《将军的
世界》、《将门男女》、《叶氏父女》等中长篇小说和长
篇纪实文学《中国第一人毛泽东》、《风云九·一
三》、《八千里路云和月》，累计二百多万字，被誉为
"文学园里一只引吭高歌的不死鸟"。

我最早读到聂尔的小说手稿，是一九八五年。那时我在编《中国作家》，稿子是时任《小说选刊》副主编的萧德生推荐来的。后来才知道，她是个出手不凡的女战士，且进步很快，到一九八九年，她的第一个集子《上流风情》，就列入我所策划的"文学新星丛书"中，并由作家出版社出版。而我见到她，已是一九九〇年夏天。中国作家协会创联部组织会员到京郊采风，她作为新会员，第一次参加活动，在作家群里，是一张谁见了都要为之惊讶的新面孔：那天天气很热，当她在途中休息摘下帽子凉快一下时，露出了尼姑一般光秃的脑袋。她笑道："吓你们一跳吧？我是个癌症患者，刚做完化疗和放疗。没事儿，我又活过来了！"

从那次见面之后，她与我的联系就多了起来，几乎每酝酿写一部新的作品，她都要打电话来谈她的构思和计划。而每次当我问到她的病情，她都乐观地说："没事儿，没事儿！"在与她的交往中，有一件事是我最为感动的，那就是每年年末，我收到的第一张新年贺卡，总是由她发出的。我想，她就是要以这种方式告诉我，她又快快乐乐地多活了一年！她曾一次又一次地在电话中对我说过："活着就是最快乐的！当我还是个二十来岁的妙龄女郎时，医生就告知我患了恶性淋巴瘤，有很长的时间我根本不相信，这种倒霉透顶的事凭什么偏偏落在我头上？但在动过一次又一次残酷的手术之后，我才庆幸自己竟又活了下来，并且自信还将更长久地活下去！怪不得车尔尼雪夫斯基说过'美是生活'，的确，只有同死神握过手的人，才可能体会到活着本身就是最快活的事！"而每次说到此，她就会发出爽朗的笑声。

记得是一九九九年夏天，她又一次住院动手术，我与《上流风情》的责编潘宪立一起去病房探视，她又与我谈起出院后新的长篇小说构思。这一次，我立即劝阻了她，郑重其事地说："我相信你的创作生命比你的物质生命旺盛得多，但你现在首先要写的，不是长篇小说，而是你自己的故事，生活中的你，就是一个很典型的人物形象，是其他作家笔下没有的，也塑造不出来的。趁你精力还好的时候,一定要先写下来!"她出院之后,就给我打来电话,说:"我问了我家所有的亲人,都说你说的对。这回我听你的,马上就动手写我自己的故事。"此后,几乎每隔个把星期,她就要打一次电话给我,不是兴奋地报告又写了多少字,就是与我商量结构上该如何作些调整……她用一年多的时间,写完了这部定名为《拥抱生命》的书稿,于二〇〇一年七月由人民文学出版社出版。她在赠我的书上写道:"石湾先生:感谢你的创意,这本书终于问世了。真的谢谢你,祝你快乐! 聂尔 2001.7.31"。收到赠书,我就打电话向她表示祝贺。她怀着歉意对我说:"这本书本是你约的稿,没有交给作家出版社出,是你身为副总编,不能亲自当责编,又考虑到你即将退休,怕为难你,就……"未等她说完,我就说:"人民文学出版社的一、二、三审都是我很好的朋友,书出得你满意就好。我不会有任何不快的,你尽管放心!"她知道我说的是真心话,因此,在此后的几年里,每次通电话,依然总能听到她爽朗的笑声。而只要听到她的笑声,我就为她还快乐地活着而感到快乐!

张聂尔《拥抱生命》封面　　张聂尔在《拥抱生命》签名本上的题字

前年，章仲锷、高桦夫妇举行金婚派对，因另有重要会议，我未能共享其盛。妻子赴宴归来对我说："张聂尔为没能见到你而遗憾得不得了，一直亲热地和我坐在一起，滔滔不绝地说个没够。还说有人妒忌你们俩的关系，说你就像是她的情人哩！我对她说，石湾要真有像你这样一个热情开朗又才华横溢的漂亮情人，活得多痛快呀，我深感荣幸哩！"……此刻，电话就是住在同楼十七层的高桦大姐打来的。高桦在电话里说，今年二月聂尔因癌细胞转移，又做了一次大手术，把整个胃切除了。一出院，她就去燕莎商城买了件最漂亮的红衣服、红皮鞋，说要再快快乐乐地活几年！……妻子刚向我转述到此，电话铃响了，我一接听，对方说："我是张聂尔的爱人，她走了，下周一上午八时至九时在八宝山竹厅举行告别仪式。"我应道："我已经知道了。"美丽的不死鸟快乐远飞，我当然要去送行。

二〇〇七年五月十七日深夜急就

《红旗飘飘》的创刊与停刊

在我读高中和上大学的二十世纪五六十年代，《红旗飘飘》丛刊是同学们最喜爱的课外读物。由此它就成了我们这一代人的集体记忆。有位名叫赵亚山的读者就曾满怀深情地在二〇〇一年六月二十六日《人民日报》上说："一晃四十年过去，《红旗飘飘》是我最心爱的藏书之一。我从乡下来到省城，又在省城先后搬家九次，多少回精简淘汰家什，我都舍不得《红旗飘飘》离开我，尽管它纸张发黄变脆。我从中畅饮信念的甘泉，缅怀千百万为国捐躯的英烈们，崇拜浴血奋战、戎马沙场为民族立下战功的将军们，敬佩率领中国人民推翻三座大山而今又领导人民迈进改革开放新世纪的中国共产党！"家喻户晓的长篇小说《红岩》，就是在刊登于《红旗飘飘》第六集上的《在烈火中得到永生》的基础上创作而成的。但二〇〇七年下半年在中央电视台热播的电视连续剧《特殊使命》，是根据《红旗飘飘》第十七集上庞智的革命回忆录《古城斗"胡骑"》改编的，却鲜为人知。为此，我前不久特意去采访了《红旗飘飘》停刊前的负责人陈碧芳(即作家毕方)。

毕方如今七十九岁高龄，为照料患病的老伴钟涛，已搁笔多年。但她仍反应灵敏，记忆清晰。告诉我说："《红旗飘飘》创刊时仅三个半人。即中国青年出版社文学编辑室传记组的三个编辑：张羽、黄伊和王扶。另半个是分管该刊的编辑室副主任萧也牧。萧也牧被错划为右派后，由新来的编辑室副主任章学新分管，安排刘平当了传记组组长，刘平下乡劳动锻炼时，才临时调我去当了《红旗飘飘》的负责人。"

提起萧也牧，毕方很有些激动，说："萧也牧是个好编辑，更是个有才华的作家。你想想，全国有成千上万种刊物，没有一个刊名中带有动词的，唯有《红旗飘飘》，一个'飘'字不够，'飘飘'，多形象，多生动呀！这个特别有个性、有诗意的刊名，就是萧也牧起的。"

吃水不忘挖井人。作为《红旗飘飘》的一个老读者，我对萧也牧也更增添了一分敬意。我问毕方，受广大读者欢迎的《红旗飘飘》，为什么不是期刊，而是不定期的丛刊呢？她就向我说起了《红旗飘飘》创刊经过——

中国青年出版社是靠英雄人物传记故事起家的。从一九五一年到一九五七年，文学编辑室执行团中央关于培养一代社会主义新人的指示，着重抓了关于描写英雄人物的传记故事和传记小说的出版，先后出版了《刘胡兰小传》、《青年英雄的故事》、《董存瑞》、《卓娅和舒拉的故事》、《普通一兵——马特洛索夫》以及《牛虻》、《钢铁是怎样炼成的》、《伏契克文集》等书，在青年读者群中产生了巨大影响，对一代新人世界观的形成，起了极好的作用。为了加强这类读物的编辑出版工作，一九五六年，在全国青年文学创作会议后，文学编辑室分成了四个组，其中专门成立了一个传记组，来编辑出版为群众所欢迎的革命领袖、革命先烈、英雄人物的传记故事、传记小说和老一代的革命回忆录。

张羽一九二一年生,时为三十五岁;黄伊一九二九年生,时为二十七岁;王扶一九三八年生,时为十八岁。他们仨朝气蓬勃,热情似火,传记组一成立,就立即向全国撒开大网,搜集材料,拟订选题,物色作者,开展组稿工作。为了多出作品,他们不是坐在家里等吃现成饭,而是走出去展开活动,同新老作家广泛接触。这样,依靠社会力量,获得了大量线索,拟订了一个可观的选题计划,列名立传或宣传事迹者达百多人,包括秋瑾、孙中山、廖仲恺、李大钊、毛泽东、朱德、瞿秋白、蔡和森、闻一多、聂耳、陈赓、江竹筠、吉鸿昌、柳直荀、恽代英……并且都已物色了作者。但过了几个月之后,在他们陆续收到的稿件中,达到出版水平的成部头稿件却寥寥无几。

　　一天,很想为青年读者干一番事业的黄伊有点沉不住气了,当着张羽的面发起了牢骚:"阁下在首届全国青年创作会议前后,公刘呀,白桦呀,流沙河、梁上泉等人的诗集,出了一本又一本。而我呢,三天两头跟解放军文艺丛书编辑部要稿子,终于争来《高玉宝》、《我们播种爱情》和《红日》……多热闹呀！现在倒好，什么也没有，寂寞呀寂寞。幸好江晓天到中央高级党校学习去了，否则不挨剋才怪呢！"沉稳的张羽劝他说："发不出稿不能怪我们。你看，来稿不老少，可有的篇幅短，出不了单行本。有的长稿，又只是几个片断精彩，要反复修改加工才能出书。"黄伊无奈地长叹了一口气。就在这时，张羽灵机一动，想出了一好主意："从前郭沫若他们在香港搞民主运动，抓着一个好主题就编什么丛书，我们是不是可以编一个丛刊呢？"他转过头来对王扶说："你去请小武过来一下。"

当时，文学编辑室主任职务由萧也牧（即吴小武）代理，他过来听了张羽创办一个丛刊的设想，说："出版描写英雄人物和革命斗争读物，从来都是我们中青社的重点。你这个想法很好。"接着，他就和传记组三个编辑一起议论起了办刊宗旨和实施方案来了。在说到起什么刊名时，萧也牧说，他最近想写一个中篇，题目叫《渔船儿飘飘》。党中央的刊物叫《红旗》，我们的丛刊叫《红旗飘飘》如何？黄伊一听就拍了一下巴掌："对呀,共青团是党的助手和后备军。党中央高举的'红旗',我们当然应该让它高高飘扬!"

萧也牧要张羽根据那天的讨论和原来的设想,起草一个计划,包括刊名、宗旨,等星期天江晓天从党校回来时同他合计合计,再去向社长朱语今请示。朱语今抗日战争时期曾在重庆参与创办《新华日报》,老行家了。一九五六年十一月二十九日,在一次讨论传记组工作问题的会上,他一听萧也牧汇报的创办《红旗飘飘》丛刊的方案,就点头批准了。经过一个多月的紧锣密鼓的筹划,一九五七年五月,《红旗飘飘》第一集就问世了。

我想也是,假如不是办丛刊,而是申办一个由邮局发行的期刊,层层报批,少则几个月,多则一年半载,才能把刊号拿到手。哪能像《红旗飘飘》这样,很快就创办成功呢?正如萧也牧在《红旗飘飘》第一集《编者的话》(即发刊词)中所说:"在我国人民革命的历史上,有着多少可歌可泣,惊天地、泣鬼神的事迹!但是这一切,对于当今一代的青年,并不是熟悉的。因此,他们要求熟悉我们人民革命的历史,并从英雄人物的身上吸取精神力量,建设壮丽的社会主义事业,保卫我们伟大的祖国;时刻保持蓬蓬勃勃的朝气。不怕任何风险,勇于克服困难,无限忠诚于人民的事业。读者的心情,是完全可以理解的。……为了满足广大读者的迫切需求,我们除了组织各方面的作者,写作这类读物以外,同时,我们筹办了这个专门发表描写英雄人物和革命斗争的作品的丛刊。"

可以说,《红旗飘飘》丛刊的创办,不只是满足了广大读者的迫切需求,而且也为编辑拓宽了用武之地,开辟了出版社的新局面,仿佛是在出版界和文学界树起了一面鲜艳的旗帜,引万众瞩目,不胜钦羡。萧也牧是从晋察冀老解放区来的作家,熟悉革命斗争历史,他亲自为《红旗飘飘》丛刊初创时期拟定选题计划,带领编辑上门拜访、采访革命前辈和英雄人物。老一辈革命家如何香凝、朱德、董必武、林伯渠、夏之栩及中国人民解放军的许多高级将领,都热情惠稿,予以支持,单是第一集至第六集,就发行了二百一十三万册。其中的好些作品,后来成为哺育几代人成长的红色经典,如第二集刊登的葛振林讲述的《狼牙山跳崖记》,一经发表就被《中国青年》等刊物转载,多次修改完善后被编入小学语文课本,成为至今耳熟能详的《狼牙山五壮士》;根据丛刊发表的文章印成单行本的《在烈火中永生》,印数高达三百二十八万册……其影响之深远,不言而喻。以至于到了二十世纪七十年代末,历史进入改革开放的新时期,以刊登领袖传记、革命回忆录为主的纪实类的杂志纷纷创刊,少说也有几十种,但至今没有一种能在发行量和影响力上超越当年的《红旗飘飘》! 由此可见《红旗飘飘》丛刊之所以能成为一代人的集体记忆,是与萧也牧他们勇于开拓的精神分不开的。那是一个精诚团结、特别能战斗又都甘于默默奉献的集体。

毕方说,那是她最值得怀念的一个集体,尤其是萧也牧,他十分注意对年轻编辑的培养,常给年轻编辑讲课。他知识面广,又善于表达,语言丰富生动、幽默风趣,他的讲课获得普遍欢迎。有时他在办公室作即兴发言或在休息时聊天,其他编辑室的人也挤进来听他讲山海经。他总是讲得眉飞色舞,神采飞扬。未料,他在一九五八年被错划为"右派",撤销了编辑室副主任的职务。他正在写的反映老区生活的小说《渔船儿飘飘》,自然也就泡了汤,渺无踪影。尽管已陷入逆境,但萧也牧依然忠于职守,辛勤工作。最突出的一个例子,是他在一九五八年七月二十二日草拟了给罗广斌、刘德彬、

江晓天、萧也牧、毕方(从左至右)一九五五年在四川灌县

杨益言的一封约稿信，经批准，发往重庆。信中说："尊作《在烈火中得到永生》在《红旗飘飘》发表后，很受广大读者欢迎。听说你们已把它扩展写成长篇，这是件令人十分高兴的事。如果已经写好了，请即寄来一读。……我们当以跃进的精神迅速处理。"三位作者送来长篇小说《禁锢的世界》（《红岩》的原名）后，江晓天、萧也牧和我都看了原稿，曾多次与作者交换意见。可以说，没有萧也牧就没有《红旗飘飘》，没有《红旗飘飘》也就不会有《红岩》这部新中国成立后发行量最大的小说，以至依据《红岩》改编的电影《烈火中永生》、歌剧《江姐》……

"《红旗飘飘》丛刊办得那么好，后来怎么会突然停刊呢？好像也没向读者解释停刊的原因吧？"我问毕方。

毕方叹了口气，回答："停刊是被迫的。当时不让说，也没法说。直到一九九九年，我不记得是哪家报刊搞纪念建国五十周年征文，我才写了篇文章，回忆《红旗飘飘》停刊的经过。估计是因为我的那篇征文和喜庆气氛不协调，没有被采用，我也没留底稿。现在人老了，也写不动了……"她告诉我，导致《红旗飘飘》停刊的直接原因，是一九六二年出版的第十七集刊登了庞智的革命回忆录《古城斗"胡骑"》。

庞智原名王超北。提起中共秘密战线的传奇人物，早就有"南潘北王"之说。"南潘"是指潘汉年，"北王"是指王超北。反映潘汉年谍报生涯的充满传奇色彩的传记及影视作品早已广为传扬，家喻户晓，而对王超北，人们却知之甚少。其实，王超北惊险曲折的谍报生涯，同样富有传奇色彩。他一九二四年加入共青团，一九二五年转为中共党员。同年八月化名王奇，当选为国民党陕西省党部候补执行委员。后由党组织派到国民党联军驻陕西总政治部工作，任国民党联军驻陕独立第二师政治处主任。大革命失败后，他在西安、大荔、朝邑一带坚持地下革命斗争。一九三〇年六月在上海中央特科王世英同志领导下工作，同年九月调回西安，任中央特科驻陕甘特派员，打入杨虎城警卫团，任团部军需主任，从事秘密革命活动。抗日战争时期，先后在八路军驻南京、重庆、西安办事处工作,担任八路军总部总务科长和运输科长。一九三九年至一九四九年转入隐蔽战线工作,任中央社会部直属的西安情报处处长,为保卫延安、保卫党中央,解放西北和保护文化古都西安作出了重要贡献。西北军区贺龙司令员在一次会议上说:"超北同志的一个情报,抵得上战场上的一个师。"毛主席也曾赞扬说:"庞智是无名英雄。"新中国成立后,王超北历任中国人民解放军西安警备区副司令员,兼任西安市公安局局长、中共西安市委委员、西安市政府委员。一九五一年调北京,任中国国际旅行社副总经理。一九五六年任外贸部五金矿产进出口公司副总经理。然而,他的《古城斗"胡骑"》一文生不逢时,一经《红旗飘飘》第十七集发表,他就被投进了冤狱。

毕方回忆道:"《古城斗'胡骑'》是王超北同志亲自送来的。那时,他正好有一篇回忆在上海做情报工作的文章发表在《人民日报》上,我看了之后,就想着要去向他组稿。没想到他会主动送稿上门,真有点喜出望外。这篇稿子写得很精彩,回忆西安情报处与胡宗南集团作斗争，故事引人入胜。我们看过之后，就决定采用。但涉及我党秘密战线的革命回忆录，按规定必须送中央调查部审。不巧的是，稿刚送审，中调部长李克农逝世，中调部忙着为李克农治丧，根本无暇顾及审稿之事。而我们的《红旗飘飘》第十七集已编就，待《古城斗'胡骑'》一文送审通过后，即可发稿。为了及时出版，我们问作者，可否将他的稿子送熟悉当年情况的中央领导人审阅。他说，那就请习仲勋副总理审吧！习仲勋当年任中共中央西北局书记，送他审，当然是再好不过的事。没想到《古城斗'胡骑'》一文送审极为顺利，我们很快就收到了习仲勋副总理'可以发表'的批示。这样，《红旗飘飘》十七集就付印了。这一集的首印数是三十万册。更没有想到的是，这一集刚出版，我和张羽正在北戴河采访薄一波同志，突然接到社里的电话，叫我赶快回京，说《古城斗'胡骑'》出事了，中央调查部来电话，说王超北为叛徒翻案，已经被抓起来了。我赶回北京，中宣部已派来调查组，追查《古城斗'胡骑'》的写作、编辑和送审经过,宣布《红旗飘飘》十七集有严重政治问题,三十万册必须立即全部销毁。"

我问毕方:"你当时知道《古城斗'胡骑'》事件的政治背景吗?"她告诉我说,当时中青社的气氛相当紧张,但她只是以为西安情报处或王超北有什么重大历史问题,并不知道这是康生策划的一个整人的阴谋活动。后来才知道,习仲勋当时还审阅通过了由工人出版社出版的长篇小说《刘志丹》。一九六二年九月,在中共八届十中全会上,习仲勋因这部小说遭康生诬陷。毛主席接过康生递给他的条子念道:"利用小说反党是一大发明",并接着说,近来出现了好些利用文艺作品进行反革命活动的事,"用写小说来反党反人民,这是一大发明。凡是要推翻一个政权,总要先造成舆论,总要先做意识形态方面的工作。不论革命、反革命,都是如此。"就这样,把《刘志丹》定性为为"高岗反党集团"翻案的大毒草,习仲勋成了"西北反党集团"的主要头目。王超北也因此而受牵连,被康生诬陷为利用写回忆录进行反革命翻案活动,把他逮捕入狱。一夜之间,功臣变成罪人,与国民党反动派斗争了大半辈子的王超北竟成了叛徒、特务、反革命,致使当时年已六十的他,又坐了十七年冤狱……

城门失火,殃及池鱼。此案还把人民文学出版社牵扯了进来。因《古城斗"胡骑"》是王超北口述,由人民文学出版社的编辑欧阳柏整理的。文化部副部长、党组书记齐燕铭亲自向人民文学出版社总编辑韦君宜传达了康生的指示,说庞智所写的西安那个什么地下党机关,实际是国民党特务机关。简直是胡闹!共产党哪里有这种东西?……韦君宜见齐燕铭说话时的表情,像是王超北的回忆录简直不值一驳。加上她自己对党的秘密工作确实知道也不多,就想:在国民党机关的院子里安设共产党的电台,这可能吗?特别是审讯一个共产党员,他并没有供出什么来,只怀疑他可能招供,便将他处死,这不是杀害同志吗?……随后,她就把欧阳柏找来谈话。一谈之下,欧阳柏却说他只是在《新观察》当编辑时,因组稿关系认识了王超北,王超北谈过一些别的内容,他记录整理过。后来,王超北说,还有不少材料，愿意找他整理。他听了听，也觉得有意思，便答应了。问及西安地下党那个机关到底怎么回事，他除了王超北所说之外，实在一概不知，和他们也没有别的关系。至于擅自打死并未招出什么的共产党员是犯罪，他说他连想也没想过，只以为王超北那么干就是革命的。他是个候补党员，对党内的一切，茫无所知。然而，中宣部却认为欧阳柏问题重大，可能也参加了"西北反党集团"。中宣部出版处副处长许力以多次到人民文学出版社坐镇，催办此案。可是无论韦君宜怎么问来问去，欧阳柏都交代不出新的材料。欧阳柏是一个旧社会过来的老记者，按其历史，实在也不像是参加了"西北反党集团"。当时韦君宜就想：也可能王超北真是个坏蛋，把反革命历史当革命历史瞎吹。可是这个欧阳柏实在不像参加了他们的阴谋，难以判罪。她把她这个"审理结果"汇报上去。中宣部也跟欧阳柏谈过几次，并未发现超过韦君宜所得的材料。但是，却从中直党委通知下来：停止给欧阳柏这个候补党员转正，并停止他阅读一切文件刊物、听一切报告（包括普通非党编辑听的报告）的权利。

令韦君宜感到震惊的是，这个案子没有完全结束，波浪就冲击到了她的身上。她在晚年写的《思痛录》中回忆道："这时到处在抓'反党小说'。我前一阵发表了几篇小说，于是落入网罗。北戴河会议传下令来，叫将反党小说搜集一批报上去。作家协会党组赶快翻刊物检查，好似二次反右的样子。最后作协党组开了会，把我的两篇短篇小说《访旧》和《月夜清歌》作为毒草，报到了北戴河中央工作会议。消息是黄秋耘秘密告诉我的。后来，文化部副部长李琦还专就这两篇小说的问题和我谈话，为此叫我下放搞'四清'。我和人民美术出版社副社长刘近村编一个队，却叫他'领导'我。我出了'问题'，这是明白无误的。……我为这事去找了邵荃麟同志，他也说不出我所放毒素何在，只是反复地说：'大概你的意思就是想描写一个性格……我们研究研究……'我流了眼泪，一面觉得冤，为什么就连写这一点人的性格的自由都没有，只允许我们歌颂单线条的英雄呢？另一面又到底有些怯懦，知道一个人的作品一上北戴河会议的毒草名单，则此生休矣。习仲勋尚如此，其他何必论？……碰到这种事的，不止我一个人。黄秋耘的《杜子美还家》、《鲁亮侪摘印》，被说成'影射'，用唐朝杜子美经历的人民困苦生活来影射今日的社会主义生活。郭小川的《望星空》，因抒写望星空的个人所感所思，被说成是资产阶级思想感情。最后他们的遭遇也和我一样，没有公开点某某的名，仅内部批了一番。此后黄秋耘被送往石油工地'受再教育'，郭小川被解职（作协秘书长，党组成员），送到《人民日报》当记者去了。类似的还有。"

韦君宜在回顾了这一事件的波及面后说："看起来，我们这一批所受的处理还是从轻的。但是，我们的罪名却比1957年划的那些右派更加说不清楚了。那时候，秦兆阳还有个'现实主义广阔的道路'的主张，丁玲还有'一本书主义'这么个不成主义的主义。而我们这一群有什么？'利用小说反党是一大发明'，则凡小说，都能构成'放毒'的罪名。欲加之罪，何患无辞。加罪于人的路子就越来越宽了。这已经为批判《海瑞罢官》、《三家村札记》等铺平了道路。"确实，由小说《刘志丹》和《古城斗"胡骑"》事件引发的习仲勋、王超北冤案，就是"文化大革命"的前奏，开了一个以文艺作品定反党罪名的先例。这应该说是康生的一大发明吧！

所幸当年毕方没有因《红旗飘飘》刊发《古城斗"胡骑"》而获罪。她对我说："我当时没有受到什么处分，是因为我作为《古城斗'胡骑'》的责任编辑，整个送审、编发程序都没有问题。当时，萧也牧和张羽、黄伊、王扶都调离传记组了。中宣部调查组的人说，真没想到这么有影响的《红旗飘飘》，现在是你和几个年轻人在编。但一个搞得轰轰烈烈的丛刊，突然毁在我手里，我是很伤心的。真是小人物卷进了政治大风浪，命运不由自己做主。《红旗飘飘》停刊之后，我就离开中国青年出版社，远赴边疆，到黑龙江当专业作家去了。直到一九八五年十月，我接到王超北逝世的讣告，才知道他的冤案是一九七九年平反的，出狱后他任中国五金矿产进出口总公司顾问（副部级待遇）。习仲勋同志参加了王超北的追悼会,他那时已是中共中央政治局委员、书记处书记了。遗憾的是,萧也牧在一九七〇年就遭造反派迫害致死,没有能等到他的冤案平反昭雪,更没能看到由他亲手创办的《红旗飘飘》在一九七九年复刊……"

二〇〇八年二月十七日

《青春之歌》的出版波折

说起新中国五六十年代的长篇小说,有口皆碑的是"三红一创"和"山青保林"八部,前四部即由中国青年出版社出版的《红日》《红旗谱》《红岩》《创业史》,后四部则是由人民文学出版社出版的《山乡巨变》《青春之歌》《保卫延安》《林海雪原》。我们不难发现,在毛泽东提倡文艺"为工农兵而创作和利用"的年代,这八部长篇小说中,唯有《青春之歌》的主人公是知识分子。如今,知识分子已经属于工人阶级的一部分了,而在"文革"结束之前,作为"臭老九"的知识分子,则一直是"小资产阶级"的代名词。一部以小资产阶级为主人公的长篇小说要得以出版,这在当年,显然是闯了"禁区",其出版经过,真可谓一波三折。

二〇〇七年底,我在采访江晓天时,说到"文革"前中青社在编辑出版优秀长篇小说的业绩比人民文学出版社还略胜一筹时，他不无遗憾地说："其实，《青春之歌》原本也是吴小武抓来的稿子，后来才落到作家出版社（人民文学出版社的副牌）手里。那时候，我们文学编辑室的组稿工作是大撒网。同《红旗谱》一样，《青春之歌》是我们网到的一条大鱼。杨沫的原稿叫《烧不尽的野火》，是小武建议她改成《青春之歌》的。"

吴小武即作家萧也牧。萧也牧的短篇小说《我们夫妇之间》是新中国第一篇以知识分子为主人公的文艺作品，发表后受到广大读者的欢迎和好评，并迅即由郑君里执导，赵丹、蒋天流、吴茵主演，拍成了故事片。就在影片《我们夫妇之间》热映之际，丁玲在向毛泽东汇报之后，把《我们夫妇之间》作为"小资产阶级创作倾向"的代表作，发动了一场大批判。原在团中央宣传部任科长的萧也牧遭受错误批判后，连降两级，贬到中青社当起了文学编辑（后升为文学编辑室副主任）。其时，杨沫在文化部电影局剧本创作所工作，关露、王莹、颜一烟、海默、柳溪等作家都是她的同事。说起来很有意味，曾在

萧也牧在自家院内

《文艺报》主持批判萧也牧创作倾向的丁玲、陈企霞在肃反运动中被打成了"丁、陈反党集团",柳溪因与陈企霞有过云松巢一夜风流的生活问题,也被隔离审查了半年多。柳溪在《我的人生苦旅》(长江文艺出版社二〇〇四年出版)中记述了她被解除审查后,结识萧也牧的最初印象:"这时中国青年出版社举行了一次和作者的联谊会,主办人是萧也牧和张羽。对于萧也牧我早已闻名,他因写了一篇小说

《我们夫妇之间》而挨批评，说他以'小资'的情感损坏了工农的形象，闹得全国文艺界沸沸扬扬。但我心里却偷偷喜欢上这篇小说，在心里也无限同情小说作者并为他抱不平。这次由他出面带着作者们到香山去郊游，我很乐意去。一路上我和他交谈着，话很投机。我得知他是南方人，原名吴小武，萧也牧是他的笔名。他很健谈，当编辑已有些年头。是一位业务很强、笔底下也很过硬的有名编辑兼作家。这次我们游了卧佛寺、香山、碧云寺，看见了断垣残壁的中山别墅，玩得很尽兴，心情也舒畅起来。"萧也牧就是在与柳溪"很投机"的交谈中，得知杨沫刚写完一部叫《烧不尽的野火》的长篇小说的。至今中青社的书稿档案里还保存着当年萧也牧、张羽和杨沫间有关此稿的来往信件及审读意见。

一九五五年三月，杨沫接受剧本创作室的创作任务，编写反映青年生活的剧本，到外地去搜集创作素材，二十日她从天津写信给萧也牧，询问出版社是否拿到了《烧不尽的野火》草稿的上半部。接到杨沫的来信后，萧也牧即派张羽从柳溪处拿到了书稿,因稿件过于凌乱,编辑室只得请人重抄了一遍。三月三十一日,萧也牧给杨沫回信说:"现在没着手看,因为编辑部人手极端缺少,拟四月初《烧不尽的野火》下半部手稿寄来后,我们当即安排时间阅读。你回北京后,请即来电话,我当去访你。"四月底,杨沫写完了全书,共三十五万字,出版社帮助她重新誊写一遍,五月五日杨沫把出版社抄写过的稿件又校对一遍后,再次把稿子寄回中青社,并给编辑张羽写有一信:

 《烧不尽的野火》已校好,送上,共九章,请查收。

 阳翰笙同志答应在五月十五号以后可代审阅,请在十号以后送给他。最好在送时,除了我写的信以外,也请你们自己把要求他怎样负责的话当面和他讲一讲。我还有这样一个建议,不知妥当否? 在送给他看之前,最好你们编辑部先看一看,这样在他提意见时,你们就比较先有了"底"。因为我听吴小武同志谈,你们编辑部先不看，先送给外边人看。

阳翰笙同志看后，或你们看后，对这部小说的基本意见，能否出版，请早日赐知。

杨沫的信到达编辑部时，距离她所说的应该送给阳翰笙的时间（五月十日）也差不多了，所以编辑部已经来不及按她说的"先看一遍"，就直接给了阳翰笙。稿子在阳翰笙那里放了几个月后，编辑部给阳翰老打电话，才知道阳翰老太忙，无暇看稿，就决定把稿子拿回来自己看，等出版社初审之后，再拿给阳翰老复审。十一月十五日，焦急等待中的杨沫给中青社文学编辑室写了一封信：

这部东西，在病苦和烦忙的工作当中，前后写了四年，因此，当它初步完成后，我是多么渴望能够早日得到人们的意见啊！可是，各种机会都不凑巧，因之从今年四月迄今，竟还没有得到编辑部门的任何意见，我的焦急心情想你们是能体会得到的。我盼望你们能够拨冗看一看它,早日给一点意见好么?

十一月十九日,编辑张羽初审完毕,写了审稿意见书,提出了"处理意见":

　　这部小说因为篇幅较长,我只初读了一遍,基本上是感动的。增加了不少感性知识。我想,一般青年读者也会欢迎的。如果能作适当修改,对读者是有教育意义的。这部小说整理好以后,曾由我社找人重抄了一份。作者已联系好,请阳翰笙同志审读,翰笙同志因为工作忙,一直没有看,我们才要回来先看了一遍,提出初步意见,他还是要读一遍的。我建议再送阳翰笙同志去,把初步意见告诉他,请他抽空审查,将来再把意见送作者作修改时参考。

　　这部小说如能大大压缩、改写,或删削掉一些描写小资产阶级知识分子不健康思想情感的地方,就会大有改进;如再能把前边所述那些薄弱的地方适当增强,是可以达到出版水平的。

　　同日,文学编辑室副主任陶国鉴在张羽的审读报告上签署了"同意这样处理"意见。十一月二十五日,张羽访杨沫,一是把《烧不尽的野火》给杨沫,二是请杨沫再物色人审读稿子。十二月八日,张羽从杨沫家再拿回稿子,因为他得到阳翰老的电话,说是"左联"时期的老作家、中央戏剧学院教授欧阳凡海愿意帮助审读稿子。十二月十五日,张羽到颐和园拜访正在那里休养的欧阳凡海,把《烧不尽的野火》交欧阳凡海审阅。一九五六年一月二十六日,欧阳凡海把审读完的《烧不尽的野火》送回出版社,并附有长达六七千字的《〈青春之歌〉的初稿意见》。欧阳凡海的意见共三十三条,前三条仅几十个字讲了此稿的优点,如"结构活泼而紧张"、所写卢嘉川等人物"相当成功"外,后三十条,指出的则全是缺点。而他所提的"最大的第一个缺点",恰恰是张羽的审读报告所没有提到的更核心的问题:

此稿最大的第一个缺点：以小资产阶级知识分子的林道静作为书中最重要的主人公、中心人物和小说的中心线索。而对于林道静却缺乏足够的批判和分析。从林道静的出身看，她的性格，可以从两方面形成，即自小受虐待歧视的一面，和地主家庭生活、学生知识分子的一面。前者应该是她各种革命品质的发源地，后则形成她的各种缺点。作者在这两方面的发掘都很不够。作者没有随时紧密联系前者，大量发掘她的积极方面，也没有充分做到不留情地多方面具体揭露她的消极的一面。以小资产阶级做主人公是可以的，但是必须对小资产阶级有足够的批评，而这位主人公，如果是走到革命方面去的话，那就必须使人明快地看出她在无产阶级思想意识的改造教育下得到进步的各种具体情形，那才能对读者有教育意义。在林道静的性格中，有其消极的一面和积极的一面，她如何在无产阶级的教育下，发展了积极的一面，从而如何和消极的一面发生激烈的矛盾斗争，如何在实际生活中碰钉子、得教训，如何经过痛苦的自我改造，一步步向前提高等等，都应该有鲜明的刻画。当然，我知道作者是知道这个道理的，而且作者在作品中有过这种努力。（如五五〇页，作者用晓燕的口，说到道静一些进步，说明作者是想表现主人公性格的发展的，但作者对于作品中主人公的发展，应把这种侧面透露的手法作为补助办法，只有和刻苦的正面刻画相结合，这种补助办法才能发挥应有的作用。）我所说的是这种努力太不够了，还远达不到要求。

《新文学史料》二〇〇七年第一期）

张羽和陶国鉴的意见，是"删削掉一些描写小资产阶级知识分子不健康思想情感的地方"，以避免作品产生"副作用"，而欧阳凡海的意见，则是"增加法"，增加具体的细节，来具体地刻画主人公性格中相互矛盾的两种"阶级来源"的斗争和正面性格的发展。中青社对欧阳凡海的意见当然是很尊重的。一九五六年二月四日,张羽把《青春之歌》初稿和欧阳凡海的审读意见送给了杨沫,并对杨沫说:"稿子很好,我们都很喜欢,希望你在意见的基础上,好好改吧,我们觉得欧阳的意见很好,你觉得有什么地方需要改,由你自己决定,你改好了,我们就出。"

欧阳凡海的意见等于基本否定了这部作品。杨沫起初还是很尊重欧阳凡海的意见的,她在日记中这样写道:"我决心改好它。凡海同志的许多意见是极宝贵的。但目前我没有力量,我想多酝酿一下,准备好再执笔。"(《杨沫文集》第六卷二四三页)但她当时疾病缠身,真要按欧阳凡海的意见修改,又实在力不能及。她给中青社打电话,想再与责任编辑交换一下意见,却一直没有回应。看来,专家的意见对中青社起了作用。她只得把这部书稿放进抽屉,打入了冷宫。

事情忽然有了转机。杨沫之子马波在《杨沫与〈青春之歌〉》一文中这样记述:

四月二十六日,毛泽东在中共中央政治局扩大会议上提出,艺术上要百花齐放,学术上要百家争鸣。报纸广播立刻整天宣传双百方针,声势铺天盖地,如潮如涌。一时间,出版空气变得宽松。杨沫在沮丧中,看到了一线希望。杨沫就与张克联系,想把书稿请老战友秦兆阳看一看。

　　一九四二年杨沫在华北联大文学系学习时,秦兆阳当时是美术系的教员,彼此就认识了。从一九四三年起,两人都在冀中十分区工作,秦兆阳是黎明报社社长,杨沫在黎明报当编辑,两人关系变密切。他的爱人张克,还是杨沫给介绍的。自从进北京城后,秦兆阳的名气越来越大,而杨沫却还是个一般干部。从一九四九年到一九五二年,杨沫曾去看过秦兆阳几次,但他一次都没来看过。很敏感,以后就没再找他了。

　　一九五六年春,杨沫把稿子给了秦兆阳。请他过目,如无大问题,拜托他把稿子介绍给作家出版社。过了些天,秦兆阳来了电话,说稿子看过了,挺好,没什么大毛病,他已经把稿子转给了作家出版社。

秦兆阳当时是《人民文学》杂志的副主编,他的话有分量。作家出版社果然非常重视,经过认真阅读后,认为这部手稿是一部有分量的作品,想尽快出版。五月底,责任编辑任大心把此消息通知了杨沫,并表示只需对个别的一两处地方做些修改即可,因为要落实毛主席的"百花齐放,百家争鸣"的政策。

但事情发展到现在,杨沫并不着急发表。她根据凡海同志的意见,经过反复思索,认真写出了一个修改方案。任大心把修改方案拿回去研究了之后,同意了杨沫的意见,也认为还是争取尽量修改得好一些好。为表诚意,作家出版社还预支了杨沫一千块钱稿费。

杨沫的体力发生了奇迹,她竟能每天工作五六个小时,这样改了二十多天,如期在约定的时间六月二十日前完成。全书约四十万字。

书名最后定为《青春之歌》。

（《百年潮》二〇〇五年第四期）

据江晓天回忆说："一九五五年五月，我先去重庆、武汉、广州约稿，回来后就临时抽调出搞'肃反'、审干。不久，萧也牧突然急匆匆地从外地给我打电话告诉我，他碰到《人民文学》的副主编秦兆阳，秦说，他们最近收到一部写'一二·九'学生运动的长篇小说稿，早知道萧调中青社就转给他了。萧也牧问明情况后，告诉我，稿子已转给人民文学出版社。我放下电话，急忙拨通'人文'当代文学编辑室，告诉他们《青春之歌》是我们的约稿，回答说他们已发排了，毫无商量余地。"（《江晓天近作选》第九十七页，大众文艺出版社一九九九年出版）显然，秦兆阳是无意地把《青春之歌》推荐给了作家出版社，而杨沫则是很有用意的，因为出现中青社的交涉后，作家出版社的责任编辑任大心曾和她商量，最终的裁决权在作者手里，她还是决定给作家社出。为此，她给中青社写了一封道歉信：

也牧、张羽同志：

首先向你们道歉，那部稿子文学出版社已经发稿付排了，他们计划七月发稿完毕。以前我对这些情况都不了解，后他们来人说到这些情况，我想算了，哪儿全是一样。

过去，这稿子我一直希望由青年出版社来出，中间虽耽搁很久，我都在耐心等待。可是，等欧阳凡海同志看过了，总该最后决定它的命运了，然而出版社方面却缄默起来，一直没表明态度。当时，对于一个作者，这确是一次沉重的打击。

因为这作品我整整花了四年的时间，几乎把整个生命的力量全放了进去的。说这些也不是埋怨，只是叫你们了解这些情况，我确实由于这稿子没了办法，才拿给秦兆阳同志，而由他拿给了文学出版社的。

因为你们两位曾对这稿子费了精力和心血，所以我总觉得有些抱歉，但是事已至此，只好将来再补偿吧！

杨沫
一九五六年六月十八日

杨沫的这封信说是道歉,其实是把稿子跑到人文社的责任差不多全推给了中青社。我们现在回过头来看,中青社之所以痛失后来产生了巨大轰动效应的《青春之歌》,其根本原因,不是他们没有眼力,而实在是在萧也牧的《我们夫妇之间》挨批判之后,对处理以"小资产阶级知识分子"为主人公的作品慎而又慎,生怕犯政治错误,才一再要杨沫请专家担任书稿的外审。而中国文联秘书长阳翰笙推荐的欧阳凡海,早年留学日本,一九三七年冬就到延安,曾任鲁艺的文学研究室主任以及华北大学教授等,是研究鲁迅著作的专家。他对《青春之歌》提出的意见,又把"以小资产阶级知识分子的林道静作为书中最重要的主人公、中心人物和小说的中心线索"当作了"此稿最大的第一个缺点",他们怎能不将书稿送回杨沫,请她好好修改呢?尽管张羽对她说"你改好了,我们就出",其实他心里也明白,真正要按欧阳凡海的意见把稿"改好",几乎是另写一部作品,其实是不可能的。张羽晚年,就在一份手稿中这样回顾:那时候,"中青社出版的东西都是教育青年的,教育青年要热爱斗争,如果里面有太过庞杂的小资产阶级情调的东西,那是不行的。我本人以及其他的人(当时)都有一个指导思想,就是,尽量(选)描写工人、农民、战士的作品,《青春之歌》写的(是)青年知识分子,萧也牧本人就是因为写青年知识分子才被打了一棒子,成了右派,受到了批判。对《青春之歌》这部作品,我个人看了后,还是比较喜欢的,因为我对'一二·九'运动也比较了解,但是修改后究竟会怎么样,符合不符合当时的阶级政策呢?"是啊,阶级斗争的"大棒子",毕竟是很可怕的呀!

其实,在秦兆阳将《青春之歌》推荐给作家出版社后,因纸张供应短缺,直到一九五七年一月,也未能将《青春之歌》列入当年的出版计划。为此杨沫心中不快,便又去找了秦兆阳,询问既然缺纸,可不可以少印一点,先把书弄出来呢? 秦兆阳说:"情况确实如此,赶到了这个时候,谁也无能为力。《人民文学》每期十九万册都不够卖,可现在因缺乏纸张,每期要少印三万册。"而萧也牧闻讯后,立即表示,他完全有办法解决纸张问题。他先托海默告诉杨沫,如果作家出版社不出杨沫的稿子,中青社有能力出。几天后,柳溪去找他谈书稿时,他又请柳溪转告杨沫:"要和作家出版社谈好、砸死,如果他们不出,我们出!"这表明,在他的心目中,秦兆阳是一个既懂理论又有创作经验的编辑大家,对《青春之歌》思想和艺术质量的判断,是充分信任的。他是多么希望这朵香花早日在文艺的百花园里开放啊!

杨沫当时心里也很清楚,人文社之所以对《青春之歌》大开绿灯,其主要的原因是赶上了政治气候的"清朗"时期。正如她在六月二十八日的日记中所说:"看起来,什么都是一阵风。现在是赶到'百花齐放,百家争鸣'的时机上了,否则这小说的命运还不知如何

杨沫

呢?"(《杨沫文集》第六卷,第二五三页)一九五八年一月,难产的《青春之歌》终于由作家出版社出版了。北影很快将它搬上了银幕,周恩来总理看了片子,大为赞赏。一下子,《青春之歌》和杨沫都红了。杨沫不仅成了单位的先进工作者,还成了全国人大代表,继而从北影调到了北京市作协,成了专业作家。功成名就的杨沫在一九五九年十二月二十二日的日记中不禁感叹:"人生的际遇,变化无常。随着社会的需要、机遇,和人们的认识,一个庸人可以变成英豪,一个英豪也许成了庸人。陈学昭的小说《工作着是美丽的》,萧也牧的小说《我们夫妇之间》,刚一出版就被打回去了。而我呢,则万般幸运……同是写知识分子的作品,而遭遇却大不相同。天命乎?人意乎?看来,际遇该是何等的重要!"(《杨沫文集》第六卷,第三五九页)

历史业已证明,《青春之歌》是一部在当代文学史上占有重要地位的优秀长篇小说,秦兆阳、萧也牧是培植这朵文艺香花的好园丁。可是,就在《青春之歌》出版后不久,秦兆阳、萧也牧相继被戴上右派分子的帽子、开除了党籍。他俩受难之时，正是《青春之歌》炙手可热之日，千千万万的读者，根本不知道、也不可能相信他俩为《青春之歌》的出版所起的巨大作用和不可磨灭的贡献。

二〇〇九年二月二十五日

周扬晚年出版的两本书

著名编辑家、文艺评论家江晓天是在二〇〇八年重阳节走完他八十二载人生之旅的。他生前曾写下遗嘱："身后不要麻烦组织和朋友们,直接由家属送去火化后,再通知机关党委和亲朋好友。不必搞遗体告别,不要请单位写什么生平。我是什么样的人,早印在别人心目中了……"那天,当我得知晓天夫人李茹将遵照他的遗嘱办,不在八宝山为他举行遗体告别仪式时,就买了一束素花,匆匆赶到晓天家吊唁去了。见到李茹老师后,我就说:"老江的朋友那么多,还是得搞个遗体告别仪式吧?"她说:"晓天一向很低调。本来,我遵照他的遗嘱,他走后,我没有通知中国文联领导,但他们还是听说了,上午有一位书记处书记来过了,好几位在场的朋友,都提出了为晓天举行告别仪式的要求。你说,我怎么好违背晓天生前的意愿呢?"我说:"如果组织上采纳朋友们的意见，你就答应满足一下朋友们为晓天送行的心愿吧！"后来，晓天的遗体告别仪式还是在八宝山举行了，但是，事先没有发《讣告》，前去送行的朋友，都是通过相互转告方式得到的信息。而外地的朋友，则大都是晓天逝世的消息见报之后，才纷纷向李茹发来唁电、唁函。

直到今年春上，我去看望李茹老师，她选了几封新收到的唁函给我看，其中，周扬秘书、原中国文联办公厅主任露菲的信是刚从美国寄来的。她在信中说："晓天的正直、公道和善良，在日常工作中，特别在复杂的斗争中，显得如此高洁，想想，这样的人还真是少有……记得周扬同志为人道主义、异化被批判时，那时不少人看风向都疏远了'老爷子'。恰恰在这个时候，晓天同志约我去看了周扬同志。我记得是一天晚上，我们坐12路电车，'咣当'到西单，步入安儿胡同1号。他劝慰周扬同志不要把这事放在心上（周扬同志点点头。可是周扬同志还是为这事一病不起了）。当时的政治气氛非常压抑。多少有些风险。他这一举动使我深受教育并为之感动。"

江晓天与周扬(右)、夏衍(左)在一起

看了露菲给李茹的这封信，我立即想起，晓天不只是经常去看望逆境中的周扬，还在周扬一病不起之后，为周扬出了两本书：《马克思主义与文艺》和《周扬近作》。

记得是一九八三年冬，得知晓天将兼任恢复建制的作家出版社总编辑后，我和《新观察》编辑部主任张凤珠一起去他家，向他表达调往作家出版社工作的急切愿望。他说，对你们俩我都了解，欢迎你们来一起创业。不过，你们都是办杂志的，没有搞过图书出版，还得调几个有图书出版经验的老编辑来才能开张。张凤珠向他提议可调她当年在文讲所的同学、人民文学出版社的名编龙世辉，我则建议不妨先创办一个大型文学刊物，可以叫《中国作家》，为出版社树起一面旗帜，吸引和团结一批作家。这两个建议他都采纳了，只是因为《新观察》主编戈扬不肯放我走，致使我比张凤珠、龙世辉晚到了半年。一九八四年八月，我到作家出版社报到时，《中国作家》编辑部已有了三四个编辑，而图书编辑部还空无一人。然而，九月，作家出版社出版的第一本书，即周扬编的《马克思主义与文艺》就面世了。谁当的责任编辑呢？一问，才知是总编辑江晓天在社外特聘的吴泰昌。

泰昌兄后来告诉我，一九五九年北大中文系五五级同学集体编著《中国文学史》、《中国小说史稿》等书将完成时，系主任杨晦教授有天曾突然布置陈素琰、赖林嵩和他等同学一项任务,协助周扬同志修订一九四四年延安解放社出版的《马克思主义与文艺》一书。但到一九六二年夏天,不知什么原因,书稿按周扬同志的意见整理好后,就从此没有下文。一九八三年,作家出版社恢复建制时,因兼任社长的张僖和江晓天曾想将他调去任副总编辑,所以他偶有机会参与商议作家出版社最初的选题计划。有次他向江晓天谈起周扬的这本《马克思主义与文艺》修订本,并告诉晓天当年就是作家出版社准备出版的,并指定由袁榴庄当责编,请晓天以作家出版社的名义正式征询周扬意见。不久,晓天就告诉他,周扬同意了,让他负责此事并直接找周扬面谈。这样他就去见了周扬。那天周扬情绪很好,对他说:"我查了,原来你们整理的书稿'文革'中已损失,这次只好麻烦你重起炉灶。"关于书的修订,周扬讲了几点:"一、每辑的提要不写了;二、译文要用权威出版社的,《毛泽东选集》、《鲁迅全集》要用最近出版的;三、封面可以重新设计;四、修订本他不准备重写序言,用原来的,文字他再看一下,内容不动。"周扬强调说:"这本书是根据毛泽东同志《在延安文艺座谈会上的讲话》的精神编纂的。序言一九四四年四月十一日在延安《解放日报》上发表,毛主席看后肯定过。"事隔几年,他才得知毛主席在看了这篇序言后给周扬的信中说到:"你把文艺理论上几个主要问题作了一个简明的历史叙述,借以证明我们今天的文艺方针是正确的,这点很有益处。"(《毛泽东书信选集》二二八页)至于序言中提到的人,周扬说:"有的后来政治上有了很大的变化,也不动了,那是历史,历史是不能任意改动的。"后来,因冯牧不放他走,他只好在《文艺报》的工作之余来完成这本书的修订工作。一九八四年春节过后,他将代作家出版社拟的《出版说明》和书的封面设计图送给周扬审定。周扬当场看了《出版说明》,改动了个别字句,封面也认可了,并将一九四四年初版书上的序言作了个别词语改动的一份复印稿给了他。一九八四年十月,样书出来了,首印一万两千册。他将样书送给正在北京医院住院的周扬,周扬匆匆翻看了书的版权页,颇有感触地说:

"这个修订本磨难多年,终于出来了,印数还不少,谢谢你们。"

近日,我从书橱中找出了这本一九八四年我社再版的《马克思主义与文艺》,重读周扬写于一九四四年三月的《序言》,发现最后一句话是:"对在校阅和翻译上曾为本书出力的陈伯达、乔木、曹葆华诸同志,我于此一并致谢。"仔细体味周扬对泰昌说的"历史是不能任意改动的"那句话,就更觉这本书在《序言》不作改动的情况下再版的深意了。

周扬对泰昌说,《序言》中提到的人,有的后来政治上有了很大的变化,显然不只是单指陈伯达,而且也包括胡乔木。众所周知,周扬和胡乔木,从延安时代起,就是在党内齐名的杰出的马克思主义理论家,都是曾受到毛泽东赞赏和器重的大"笔杆子"。由于时代的局限,周扬身上长时间地套着个人崇拜的精神枷锁,致使他在新中国成立后的十七年里,宣传过"左"的理论,执行过"左"的政策,甚至整过人。但在经历了"文革"的劫难,复出后的周扬,却从理论的高度,对自己在十七年中的工作进行了痛切的反思，尤其对在"左"的路线指导下伤文、伤人的过错有了醒悟。作为一位"人性回归"的理论家，他当时所作的反思，是深刻的、彻底的。他对待历史客观、公正的态度，不但获得了文艺界人士广泛的理解和尊敬，而且这反思也使他在理论上的探索充满了勇气，写出了《关于真理标准问题的讨论》、《三次伟大的思想解放运动》、《关于马克思主义几个理论问题的探讨》等敢于突破理论禁区、大胆探求真理的重头文章。没有想到的是，一九八四年一月，胡乔木发表了一篇公开批判他的《关于"人道主义"与异化问题》长文。冷不防周扬又一次被击倒了。一九八四年九月，心情抑郁、痛苦的周扬在广州摔了一跤，很快住进了北京医院，被诊断为患有无法治愈的脑软化症。就在周扬这样最危难的时刻，经江晓天签发的《马克思主义与文艺》由作家出版社出版，不只是在精神上给予周扬一种强有力的支持和抚慰，而且也借此向世人证明，周扬在传播、探索和创新马克思主义理论上的历史性贡献，是任何人都抹杀不了、否定不了的。江晓天选择周扬编的这本书作为作家出版社新时期打出的第一炮,不能不说是一个具有震撼力的果敢之举,他为了护卫他所崇敬的周扬同志的声誉,真的是豁出去了。

继周扬编的《马克思主义与文艺》之后,一九八五年六月,又经江晓天拍板,作家出版社推出了顾骧编选的《周扬近作》。关于这本书的编选,顾骧先生在接受学者徐庆全的采访时说:"编这本书也是在这一年一月。当时的情况是这样的。周扬同志第一次报病危,人们试探中央能否公开为周扬平反?以最高领导人去医院探视的方式?难以做到。习仲勋同志告,经请示耀邦同志,可以采取将周扬的《关于马克思主义几个理论问题的探讨》这篇遭批判的文章再次公开发表的方法以达此目的。如何公开发表不显得太突兀?于是有了编一本周扬同志近作选集出版,将'探讨'文章收进去的想法。苏灵扬同志、张光年同志找我商量,希望我能担当这一任务。此事,我责无旁贷。大约花了两周时间,突击完成了收集材料、选编、校订、文字整理工作,编出一本选集来,交作家出版社出版。"徐庆全问:"鲁迅在编辑瞿秋白遗文时曾经说过,手中捏着亡友的遗稿好比捏着一团火。不知当时你是否有这样的心态?"顾骧回答:"周扬同志虽然还在世,但是我抢在他生前将这本书出版,也有类似手中捏着一团火的心情。"(《知情者眼中的周扬》第一五二至一五三页,经济日报出版社二〇〇三年三月出版)我想,江晓天在承接这部书稿出版任务时的心情又何尝不是如此呢?

在谈到江晓天一生豁达、豪爽,乐于广交朋友时,李茹说:"晓天从不趋炎附势。对一般人,谁有困难了,被贬了,落难了,他往往会给予更多的关注、同情和帮助。常常是哪个朋友红了,成名了,升官了,他反而不登门了,不主动联系了。他常对我们说:'不必锦上添花,还是雪中送炭的好。'"无疑,他在兼任作家出版社总编辑期间,斗胆为又一次落难的周扬精心出版这两本书,就是雪中送炭,让周扬在生命的最后岁月,感受到了火一般温暖的战友情。

二〇〇九年五月二十八日

张炜的愚公精神

第八届茅盾文学奖揭晓，张炜的《你在高原》名列榜首，一下子使这位山东作家成了热议的公众人物。其实，早在二十多年前，他的《古船》参评茅奖时，我和许多文友就曾寄予过厚望。

此刻，摆在我面前的正是一本打开的《古船》，插页上的照片说明是："一九八四，济南，写古船。"我发现，"一九八四"显然应是"一九八六"，因在张炜的案头堆着两摞书，最上面的一本，分别是王兆军的《蝌蚪与龙》和何立伟的《小城无故事》。这两本书归属我任作家出版社第一编辑室主任时策划的"文学

张炜在《你在高原》新书发布会上

张炜一九八六年在济南写《古船》

新星丛书"第一辑，而《小城无故事》正是我当的责编。在《小城无故事》那摞书中，还有一本《1983—1984全国优秀中篇小说获奖作品选》，也是由我所在的编辑室编辑，都出版于一九八六年。于是我联想到，这三本书或许就是我寄赠给他的。因为我在一九八四年底召开的中国作家协会第四次会员代表大会上就与他结识了。

四次作代会时，我是《中国作家》杂志派出的驻会记者，当时各媒体记者在争相找报道和约稿线索时，发现最年轻的代表中，女的是一九五五年出生的铁凝，而男的则就是一九五六年出生的张炜。《中国作家》主编冯牧，一向重视对青年作家的培养，一再嘱咐我们要多发文坛新秀的佳作，因此，一上会，我就盯上张炜，把他当作了重点约稿对象。

四次作代会后不久,中国作协在南京举行一九八三至一九八四全国优秀短篇小说、中篇小说、报告文学评选颁奖大会,我带着刚调来的年轻编辑赵虹赴会组稿,又一次见到了张炜。就在那次会上,他的《一潭清水》获得了优秀短篇小说奖。而在此之前,他的《声音》,已获一九八二年全国优秀短篇小说奖,与王润滋、矫健并称胶东文坛的三颗新星。王润滋、矫健后来分别因患病和下海经商而中断了写作,因此,与我一直保持联系的,只有张炜。一九九一年,我在《文汇报》上发表的题为《人说我像赵忠祥》的随笔中,曾提及这样一件趣事:

张炜(左三)与矫健(左一)、石湾(右三)等文友一九八五年春欢聚在南京

一次是我到中纪委招待所去看望在那里下榻的山东作家张炜。张炜说："这次来北京闹了个笑话，我把赵忠祥当成你了。"我问他是怎么回事？他接着说："前些天，赵忠祥也住在这里，录知识大奖赛节目。在食堂排队买饭，他排在前面，我以为是你，上去打招呼。他哪认识我是谁呀？"

在文坛崭露头角的张炜，尚未上过荧屏，赵忠祥当然不会认识他是谁，但在文学编辑的眼中，他堪称新时期以来最具代表性的中国实力派作家之一，是个不可小觑的人物了。二十世纪八十年代，大型文学刊物竞争激烈，都是以名家的优秀中篇小说当头条。张炜是很守信的，一九八五年秋，他就如约给我寄来了他的中篇力作《童眸》。收到后，我立即编发，在《中国作家》第六期上以头条位置刊出，赢得了读者的广泛好评。

在四次作代会上，我还曾找山东代表团的著名老作家萧平约过稿。萧平时任烟台师范学院中文系主任，他在从事教育工作时，兼攻文学创作，自二十世纪五十年代起，就以《海滨的孩子》、《三月雪》等名篇，奠定了他在当代文学史上的地位；进入新时期后，他的《墓场与鲜花》又获首届全国优秀短篇小说奖。但由于他后来担任了院长，公务繁忙，一直未能给我寄来小说新作。因我知道张炜和矫健都是毕业于烟台师范学院中文系，是他的得意门生，于是在收到张炜的《童眸》后，我就请萧平写了一篇《他在默默地耕耘——关于张炜和他的小说》，在《中国作家》一九八六年第一期的"作家写作家"栏目里发表。

萧平在此文中写道："我认识张炜是一九七九年春。他们几个爱好文艺的学生发起组织了一个文学社，并出版一个油印刊物，有些事来问我，以后又拿稿子来给我看。他给我的印象是性格有点内向，朴实，诚恳，有些拘谨。慢慢熟了，片片断断向我讲了些家庭情况和个人遭遇。"一九七八年，全国各高校兴起了一股文学创作热潮，在萧平的支持和辅导下,张炜等人创办了文学社,叫"贝壳文学社",和同是中文系的"同学文学社"共同创办的纯文学刊物就叫《贝壳》。张炜后来在《野地与行吟·校园忆》一文中曾回忆说:"入校第一年,我们几个有志于文学的人便组成了文学社。因为当时全校有不止一个文学社,也不止一份油印文学刊物。我们的文学社比较壮大,组成的学生纵跨三个年级,出版有最漂亮的油印文学刊物《贝壳》。当时我们的刊物与省内外许多大学社团的刊物交换,活动频繁。文学社的各种文学讨论会、作品朗诵会不时召开。是对文学的虔诚无私,把我们这些不同年龄、来自不同地区的人凝聚一起。没有一个人开文学的玩笑,文学在当时是不容置疑的神圣之物。"

张炜毕业后,《贝壳》改由校团委主办。到一九九〇年,贝壳文学社改名为树人文学社,创办文学刊物《春之声》,出版近二十期,成为烟台师院(后改名为鲁东大学)较早的校级社团。直至二〇〇六年夏,树人文学社收回《贝壳》主办权,本着发扬大学生的精神风貌,提高大学生的文学修养,鼓励大学生进行文学创作的宗旨,又把《贝壳》转为纯文学杂志,使它成为了青年学子文学启蒙的摇篮。自一九七八年以来,从这里先后走出了像张炜、矫健、李尚通、马海春、滕锦平、黄志毅、姜忠华及赵曙光、刘传夫、李慧志等一批饮誉中国乃至世界文坛的"鲁大作家群"。有学者评价说:"鲁大作家群"这种独特的人文现象和文化成就在国内高校是相当少见的。二〇〇七年四月二十日,纪念萧平文学创作五十周年报告会暨"鲁东大学作家群展室"揭牌仪式在鲁东大学举行,身为山东省作家协会主席的张炜回到母校,与著名作家王蒙一起参加报告会并为"鲁东大学作家群展室"揭牌。会上,他充满崇敬地对年逾八旬的萧平说:"我仍记得第一次听老师做报告时的激动,是老师把我领进文学的殿堂。老师是一个'腹富口简'的人,难得听到他夸夸其谈,虽然每次说话都很少,但却很有深意,让人受益难忘。这种高尚简约质朴的风格深深影响了我。"

萧平在《他在默默地耕耘——关于张炜和他的小说》一文中,曾这样介绍张炜有些特殊的童年经历:"他的家在一个镇子上,后来又迁到了海边。住宅不在村里,而是孤零零地在一条大河入海口岸边的果园里。家里有许多书,他就读了不少文艺作品。十几岁的时候,离开了父母,到百多里外的叔叔家住了。叔叔家同他们家隔着一座大山。每年他都盼望着探家的日子,终于盼到了,背着包裹,翻过这座大山,走上百多里,回到家里,同父母姐姐团聚几天。而常年只能望着乌云漫漫或白雪皑皑的远山,思念着山那边的亲人。当他说起这些的时候,看得出是很动感情的。"接着,萧平分析张炜这特殊的童年经历,给了他难得的文学熏陶。而感情的磨炼和文学的熏陶,对于一颗幼小的审美心灵的形成,是必不可缺少的。最特殊的是那遗世孤居的生活,这在他心上难免留下阴影,但却把他投进了大自然的怀抱。因此,他心中的自然太多,美太多,他笔下的人物似乎是被自然淘洗了似的,作品的社会气息也被自然冲淡了。这形成了他的作品的艺术特色,也形成了他的创作的局限。萧平很赞赏张炜面对批评的严肃态度,夸他不是急功近利地匆忙往热闹的地方跑,去制作一些应时的东西,博取喝彩和掌声,而是默默地在自己熟悉并渗透着自己情感的那方土地上不断地挖掘。萧平在文末断言:"他将在'芦青河边'这片土地上继续挖掘下去。挖掘不止,这是一种愚公精神。看来做什么都要有这种精神,从事创作也许更要有这种精神。"

编发萧平这篇文稿之后,未等一九八六第一期刊物出版,我就调离《中国作家》编辑部,到作家出版社第一编辑室(即小说编辑室)主持工作去了。那时,我重点策划了"文学新星丛书"、"当代小说文库"两套丛书。我和编辑室的同仁们,从一开始就把张炜当作重点组稿对象,热切期望他能给我社一部长篇小说,来支持我们的"当代小说文库"。遗憾的是,《中国作家》编辑部在一九八六年脱离作家出版社,成了独立建制的杂志社,致使作家出版社丢失了让组来的长篇先在自家的刊物上发表然后出书的优势地位,只能眼红地看着张炜的两部长篇《古船》、《九月寓言》相继在《当代》上发表,并由人民文学出版社出版。但张炜还是真够朋友,答应适当时候，一定给作家出版社一部他最满意的长篇小说，并表示，作为山东省作协主席，但凡山东青年作家写出优秀新作，他都优先向作家出版社推荐。

张炜没有食言，他不仅将他的包括《古船》在内的六卷本的《张炜自选集》交由作家出版社出版，而且向我和我当年的副手杨德华推荐了多部山东作家的优秀新作。杨德华办事极认真，腿也勤，二十多年来，不知为此跑了多少趟山东。有一次，由张炜推荐的一位青年作家来京改稿，竟然在杨德华家住了一个来月。因此，尽管我后来调离了小说的编审岗位，但总能从杨德华那里得到张炜的信息。是他告诉我，张炜从省委办公厅档案部门调出，成为山东省作家协会的专业作家之后，名义上是到龙口挂了个副职，而实际上是为搜集第一手的写作资料，深入到社会的最底层去了。他制定了一个庞大到可怕的勘察计划：在胶东半岛，要不遗一村一镇地走，沿途记下社会生活情况、民风民俗和搜集民间传说。他曾两次徒步冒雪翻越南从蚕山北到渤海湾畔那样漫长的路途,常常是风餐露宿,最狼狈时衣裳破旧沾土,头发长达一尺,扎起来赶路。就这样,单是他搜集的录音资料就有六大箱。而他住了十年之久的用于写作的一间小屋,更是简陋得令人难以想象,冬天连暖气都没有。由于生活过于简单和过度劳累,他曾多次晕厥。有一次晕厥时头部右侧撞伤倒地,失去知觉长达十几分钟,幸好被前去探望的朋友救起……

张炜这种挖掘不止的愚公精神,深深地感动了杨德华。在二十多年的交往中,他俩结下了深厚的友谊。杨德华在《张炜〈你在高原〉审读六记》一文中写道:"坦言之,《你在高原》对于一般人的阅读习惯极具挑战性,这不仅有阅读者的文学修养、生活阅历、感悟能力等因素的差异,同时也存在阅读时间是否充裕等条件的问题。好在张炜之前出版的两本书《芳心似火》和《在半岛上游走》,为这部大书作了极好的诠释和导读。有了这样两本小册子的帮助,解读《你在高原》会更加容易,也不失为一种捷径。"而《芳心似火》和《在半岛上游走》,正是杨德华在担任作家出版社总编室主任期间,向张炜组来稿后,交给两位同事当责任编辑,予以出版的。

《你在高原》是一部关于家园的心灵史和成长史,计有三十九卷,四百五十万言,分成可相对独立成章的十本书出版。前不久,我碰到了仍在编《中国作家》的赵虹,她告诉我,向张炜约了二十年稿,直到去年初,才给了她一部长篇《荒原纪事》。她拿到稿子后,立即找了一个僻静的所在,闭门阅读。两天后,她就兴奋地打电话向张炜报告:"你的稿子我看完了,很好。"未料张炜以为她是在骗她,说:"我的这部小说是需要一字一句地慢慢读、细细品才能看明白的,你怎么可能用两天时间就看完了呢?"于是,张炜就提出书中的一个个人物、一个个细节来盘问她。她在不知自己回答对了多少之后向张炜解释说:"我这是用的快速看稿法。先通读一遍,为的是写下审读意见,赶快提交主编终审。终审通过后,我还得再认真地看一遍,逐字逐句地推敲,认认真真做编辑工作。"张炜这才告诉她:"我在半岛作了二十年的田野调查,用笔手写了二十年,才完成这部一共十本的系列长篇,差点儿把命都搭上了。原创稿在作家出版社副总编杨德华手里,本准备十本原创同时推出的,征得了杨德华的同意,才抽出一部让你们先发。"因赵虹没有看到《你在高原》系列中的另外九部,不知其全貌,《中国作家》刊发《荒原纪事》时,就请杨德华写了一篇《编后记》。但由于编发匆忙,竟忘了署杨德华的名字。事后赵虹为此

杨德华

向杨德华致歉,杨德华却笑答:"我已肝癌晚期,都是死过好几回的人了,哪还在乎名和利呀!"因此,赵虹感慨地对我说:"杨德华生前就说过,在他一生编的无数本书中,惟《你在高原》的精神品质和文学意义是最高尚的,是可以成为经典的大作品。这次

《你在高原》中茅盾文学奖'状元'是实至名归。张炜用命写,杨德华用命编,在如今喧嚣、浮躁的年代,他们的这种精神真是了不起啊!"

二〇一一年九月十四日

刘白羽的忏悔与反悔

二十世纪六十年代初，即我还在读大学时，刘白羽、秦牧、杨朔就已被誉为当代散文"三杰"。尽管在"三杰"中我偏爱杨朔，但对刘白羽也还是怀有一种敬慕之情。不过，那时候他在我的心目中只是一个名作家，而不是一名大权在握的高官。很有意味的是，大学毕业后我分配到文化部系统工作，由于时任文化部副部长的刘白羽在"文革"开始之初就被揪回中国作家协会挨批斗去了，待我下放到团泊洼五七干校劳动改造时，在我们连食堂掌勺的师傅，竟然就是以前专给刘白羽开小灶的一位名厨。他的烹饪技艺确实了得，虽那时猪肉是定量供应，但他烹制的烧茄子、奶油白菜等拿手好菜总令我们赞不绝口，甚至戏称是在艰苦的年代享受到了"高干待遇"。然而，我对刘白羽的为官生涯真正有所了解，是一九八〇年春到中国作家协会所属的《新观察》杂志社工作之后。

在一九五七年的反右运动中,《新观察》杂志社属于重灾区。一九八〇年《新观察》复刊时,三位领导,即主编、副主编、编辑部主任,当年都被错划为右派。我所在的文艺作品组,组长也曾是右派。还有流落到苏州的龚之方、《羊城晚报》的萧荻等《新观察》的右派老编辑,来京公干时也常回编辑部聚会。每听他们回首往事,尤其是"肃反"和反右运动,对刘白羽当年整人的狠劲儿无不耿耿于怀。印象最深的一次,是一九八四年底,全国第四次作家代表大会期间(其时我已随编辑部主任张凤珠调离《新观察》,到作家出版社创办《中国作家》),在京西宾馆的电梯里,我和张凤珠与刘白羽"狭路相逢"。因一九七七年刘白羽调回部队,当了好些年的总政文化部部长,每有军旅作家进电梯,必先向他行军礼,然后致以"首长好"之类的热情问候,气氛亲切之极。唯有她冷眼旁观,仿佛与刘白羽素不相识,其场面甚是尴尬。下了电梯,我问她:"刘白羽不认识你吗?"她回答:"他当年是作协'肃反'领导小组组长，'丁玲、陈企霞反党小集团'就是那时定的案，我是丁玲的秘书，他怎么能不认识我？一九五七年丁玲又被打成右派，我已到《新观察》当编辑，仍受丁玲的牵连，也被打成了右派。这样整人的左派，至今不认错，我才不屑于搭理他呢！"

像她那样，因受丁玲的牵连而被打成右派分子的，还有新中国成立之初她在文学讲习所（所长丁玲）深造时的一批同学，其中包括后来以《小兵张嘎》闻名于世的徐光耀。二○○○年第一期的《长城》杂志，以头条位置发表了徐光耀此后荣获第二届鲁迅文学奖的纪实散文《昨夜西风凋碧树——记一段头朝下脚朝上的历史》。在这部作品中，徐光耀以一个过来人的平常心，冷静回顾了自己这棵在党和人民培育下，于文学创作园地崭露头角的"碧树"如何遭劫、被一九五七年的反右狂风一夜间横扫枝叶，进而"头朝下、脚朝上"，沦为右派、"修正主义分子"的痛苦历程。作品以翔实的资料再现往昔，对当年那段历史的诡异与荒诞进行了反刍，笔触真挚而大气，既没斤斤计较地去抱怨什么，也没

《昨夜西风凋碧树》单行本

尖刻狭隘地去仇视什么。但无可回避地涉及了包括刘白羽在内的一些著名作家在极"左"潮流肆虐中的负面表现。

《昨夜西风凋碧树》完稿于一九九九年七月十一日,在《长城》采用前,曾遭两家刊物的婉拒。出人意料的是,一经《长城》刊发,《炎黄春秋》、《新文学史料》、《新华文摘》等十余家刊物争相转载。更令徐光耀意想不到的是,当年整他的主要当事人之一刘白羽竟然被他的文章所打动,于二○○一年三月二十九日给他写来一封情致深切的"悔过信":"友人传了一册《长城》给我,我立即把《昨夜西风凋碧树》读完,字字血泪,正义之言鞭挞着我的心灵,你在那历程中所承受的痛苦,都是我的罪孽所造。光耀同志,我羞惭,我恸心,我无颜求你原谅,但我要说出我永恒的遗憾,包括在那失去理智的时代,我对你不礼貌的行动,我只有在远处向你深深地谢罪、谢罪……"

刘白羽的忏悔,把徐光耀深深感动了。二○○一年四月三日,他即给刘白羽回信说:"……您对待自己仍然过分了,过错是有的,谈不到'罪孽',也无须'谢罪'。以往的种种不幸,都不是您我之间的恩怨造成,那是一个时代、一种体制所造就的错误,个人可以承担某些责任,但不能承担主要的、更非全部的责任。个人是承担不起的。您我都有对党的无可怀疑的忠心,我们都是尽力按照上面来的精神行事的,悲剧是这种忠心到了分不清是非的地步,如果您我调换了位置,我整起您来也会毫不手软的。所以，从个人说，最大的教训之一是迷信……"

二〇〇一年第四期《长城》，以"关于《昨夜西风凋碧树》的通信"为题，全文发表了这两封信，编者在按语中这样写道："老作家徐光耀的长文《昨夜西风凋碧树》在本刊 2000 年第 1 期发表后，影响是深远的，作者先后接到 80 多位热心读者的来函来电，其余波一直延续到一年后的今天。下面发表的是著名老作家刘白羽同志最近的一封来信和光耀同志的复信，新世纪之交两位老作家的炙人之语，掷地有声，发人深思，相信会在《长城》的回音壁上留下久久的回响。"随后，又是数十家报刊转载了这两封信，使众多读者，尤其是文学界的人士，也包括笔者在内，像徐光耀一样深受感动和震撼，一下子对刘白羽的"思想品德有了新认识"，纠正了"以前存留的某些偏激看法"，把他当作为"一位有党性的高尚长者"而"更加敬重"。

然而，仅仅过了一年，我就对这段轰动一时的"劫后传书泯恩怨"的文坛佳话产生了疑惑。那时，我还在作家出版社副总编辑的岗位上，接到了上级交办的任务：为刘白羽出版一部新的散文集。这部名为《天籁集》的文稿，收录了他晚年的二三十篇短文及几封书信，仅十万字，加上《附录》中陆正伟、王中才等记者、作家采写他的七篇文章，约十四万字。那时他已年过八旬，因此，他在代序《晚霞谈文录》中说，这"也有可能是我最后一个散文集了"。于是，为增加书的厚度，我和责编商定，将《天籁集》全部做成精装本，并请我社的美编室主任来担任装帧设计，尽可能把这位作协老领导的"最后一本散文集"出好。未料，我在终审书稿时，发现在《致徐光耀信》后，附了一篇黎辛的《致黄秋耘信》。首先，我觉得既然收录了写于二〇〇一年三月二十九日的《致徐光耀信》，就应该附上徐光耀二〇〇一年四月三日给他的复信。其次，从体例来看，如果一定要收录黎辛的《致黄秋耘信》，也应该将此文移至《附录》，而不能紧随《致徐光耀信》其后。当我认真读完黎辛的《致黄秋耘信》，立即明白了刘白羽的用意，即他对两年前向徐光耀所作的忏悔，竟然有了反悔之意。

黎辛的《致黄秋耘信》，写于一九九八年八月四日，长达一万二千字。一九九八年第四期《新文学史料》是在《来稿、来信照登》栏里刊发这封信的，目录上连这封信的标题（《关于中国作家协会的反右斗争及其它——〈黄秋耘访谈录〉读后》）都没有列出。《新文学史料》在编者按中说，"本刊今年一、二期刊登了《文学路上六十年——老作家黄秋耘访谈录》（作者黄伟经）一文后，引起了读者的强烈反响。""这期，我们从标题到正文一字未动地编发了当事人的来稿、来信。读者如能撇开双方文字上的感情因素，当会更全面、准确地了解当年中国作协反右派斗争的情况。"反右运动时，黎辛是中国作协党组成员兼秘书，黄秋耘则是《文艺学习》编辑部副主任。黎辛致信黄秋耘，其核心内容是指黄秋耘在《访谈录》所说"主要是刘白羽领导作协的反右派斗争，甚至可以说独断专行一切"与事实不符，认为"刘白羽是领导作协整风与反右的三把手"。但他承认："一九五五年荃麟病休，批判丁玲、陈企霞反党小集团刘白羽是主要执行人。"荃麟即时任党组

156

书记的邵荃麟，刘白羽时任作协党组副书记，而中宣部分管作协整风、反右的是副部长周扬。由此，黎辛认为，周扬是领导作协整风与反右的一把手，划不划谁是右派，是由周扬说了算："周扬由于陆定一的支持，在反右派斗争中的发言权与决策权是超乎寻常的大的。"

据笔者所知，被黎辛当作领导作协整风与反右的二把手的邵荃麟，他作为作协党组书记，一九五七年五月间曾去浙江出差，同浙江文艺界的作家们开座谈会，传达中央精神，鼓励他们鸣放。结果浙江参加座谈会的人士，很快几乎全部被划右，著名的如宋云彬、黄源、陈学昭等。反右运动开始后，邵荃麟被认为是去浙江煽风点火，检举材料送至北京。因此，邵荃麟虽参加领导了作协的反右派斗争，但他是一个属于"泥菩萨过河，自身难保"的人物。一九六四年，毛主席关于文艺问题的两个批示传达后，作协重点批判邵荃麟，认为他的"中间人物论"和"现实主义深化论"是资产阶级的文学主张。这时他不再被保护，一九五七年去浙江"放火"的材料被端了出来。有人就径直说邵荃麟是"漏网右派"。我想,这也许就是在黄秋耘及我在《新观察》的老同事们认定 一九五七年作协的反右运动是刘白羽主持的缘由。有关这方面的文字记载,除刘白羽当时发表的《让我们一道来扫除乌云》、《论文学上的右派寒流》、《美丽羽毛下的丑恶灵魂》、《秦兆阳的破产》等火药味十足的反右文章而外,郭小川也曾在一九六九年所写的《我的书面检查》中说:"在讨论秦兆阳为右派分子时,我一言不发,只等着刘白羽开口提出不划。……对于秦兆阳划右派问题,我一直是动摇的;对李清泉,我更觉得可以不划,我的理由是作协划的右派已经够多了。实际上我看不清他们的右派实质,在思想上和他们有共同之处。刘白羽坚持要划,我才同意了。"(陈徒手著《人有病　天知否》第一七八页,人民文学出版社二○○九年九月版)

黎辛的《致黄秋耘信》,作为一家之言,对于当代文学史的研究,当然具有一定的参考价值。但是,此文早于《昨夜西风凋碧树》两年在《新文学史料》上刊出，且文中只字未提徐光耀，由此在我看来，将其作为刘白羽《致徐光耀信》的附件收入《天籁集》显然是不妥的。于是，在审稿单上明确表示了我的意见：撤下黎辛的《致黄秋耘信》，建议换上徐光耀的《致刘白羽信》。责任编辑是总编室主任杨德华，他虽很理解我的终审意见，但面有难色地说："白羽同志若坚持自己的意见，不愿撤下黎辛的《致黄秋耘信》，那咋办呢？"我说："如果不撤下黎辛的《致黄秋耘信》，出书后可能会挑起新的矛盾，影响到文学界的团结。反正不撤的话，我就不签发这部书稿。"

作家出版社是隶属中国作协的一个自负盈亏的事业单位，实行企业管理，每本书的盈亏与责任编辑的年终奖金直接挂钩。因此，像《天籁集》这样的任务书，只能由总编室主任亲自当责编。而刘白羽虽在一九八二年就已离休，但一九九〇年又重出江湖，被任命为《人民文学》主编，在中国作协仍有着相当大的影响力。因此，杨德华担心，万一刘白羽坚持要将黎辛的《致黄秋耘信》收入《天籁集》，并去向中国作协领导打招呼的话,那该怎么办?我说,那就好办了,若有哪位领导同意白羽同志的意见,有书面批示,作家出版社执行就是了,到时可换一个终审者签发书稿,反正我不承担责任。杨德华看我态度很坚决,就只得硬着头皮说:"那还是我先和白羽同志沟通一下吧。"我对他说:"与白羽同志沟通,不是先得同他秘书联系吗?你不如让他秘书来一趟,与我们先交换一下意见再说。"后来,杨德华直接把《天籁集》的审稿单给白羽同志的秘书看了,秘书向白羽同志如实作了汇报,然后回话说:"既然要撤下黎辛的《致黄秋耘信》,那就连我的《致徐光耀信》也一并撤下吧!"就这样,《天籁集》作为刘白羽此生最后一个散文集,由我签发,于二○○二年十二月出版。遗憾的是,在这部散文集中,找不到他晚年著作中最大的一个亮点:《致徐光耀信》。

刘白羽同志于二○○五年八月十九日逝世,享年八十九岁。二○○六年三月,解放军文艺出版社出版了由总政艺术局所编的《白羽同志英名永存——刘白羽纪念文集》。该文集末尾,附有两份《刘白羽同志遗物捐赠清单》,在第一份捐赠给中国现代文学馆遗物清单中,有他《天籁集》的大部分散文手稿和多封他与作家来往的书信手稿或复印件。但其中没有他与徐光耀关于《昨夜西风凋碧树》的相互通信。然而,在这部近五十六万字的纪念文集中,仍有许多篇怀念文章,提及那段轰动一时的"劫后传书泯恩怨"的文坛佳话,把刘白羽的《致徐光耀信》说成是他"内心感情的真实流露",并"对他这种真诚、坦率、博大的襟怀表示钦佩"。其中,只有邓友梅的一篇,令我读出了别样的滋味儿——

……我到石家庄去参加光耀作品讨论会时,一见面光耀就拿出一封信来给我看,我见落款是"刘白羽",心里扑通一声,忙问光耀:"你把《昨夜西风凋碧树》寄给刘白羽同志了?"他说:"没有,我写了他当年对我粗暴的情节,再主动寄给他看,不像是跟老人挑衅吗!我不会这样做。不知他从哪里听到了这书出版的消息，自己找到去读的。"

我把信从头读起。不读则已，读完大为震惊。我没想到近九十岁的老前辈，在读了指责他的文字后，不仅没有气恼，而且竟以发自肺腑的心声，写来一封信向晚辈"谢罪"，对他当年的一些言行深为忏悔自责。当我带着泪水看到"谢罪"这两个字时，同时也看到了写这两字的人的人格高尚的光环。

光耀见我感动，他说："我也很感动。可也有人认为这些话未必发自真心。"我激动地说："就是假的也难能可贵！不是有很多人从前做过错事，至今仍装正经，连假认错也不肯吗？"……

当年刘白羽向徐光耀究竟是真谢罪还是假认错？如今我把《天籁集》出版前的这段小插曲披露出来，对文学史家及读者诸君做出自己的判断或有所助益吧！

二〇一一年十月二日

一个名叫齐琪的德国读者

我步入编辑出版这一行，是一九八〇年春天。记得在筹备《新观察》复刊的第一次会上，老主编就对我们几个新人说，编报办刊没什么诀窍，唯一的信条，就是"读者至上"，要像当年邹韬奋办《生活》周刊那样，不只每天倾听读者的意见，还要尽一切可能，为读者服务，包括偏远地区读者来信需要买什么紧缺的生活用品，编辑部都责无旁贷，要立即买了邮寄给读者……到了一九九三年我创办《作家文摘》时，尽管人手极少，也还是秉承这一信条。我关照仅有的三位同仁，但凡有读者来信，不仅必须及时回复，不得有误，而且，有关建议或批评一类的读者来信，都要每周在编前会上通报，一些重要的读者来信，则由我亲自回复。这是因为，《作家文摘》不只是白手起家，无分文开办费，而且头年未赶上邮局征订期，发行全得靠报摊零售和邮购，所以我常借用巴金先生的一句话，说我们要"靠读者来养活"。

经过不到一年的艰苦努力，《作家文摘》就成为京城上千报摊上销量最高的报纸。为此，我们以"鼓励·批评·厚爱"为题，在第三十九期上刊登了《读者来信摘抄》。我在编者按中写道："也许，就人手而言，在全国上千家报社中，本报编辑部是最小的一个。我们深知，《作家文摘》能在激烈的市场竞争中赢得一方立足之地，全赖千千万万热心读者的厚爱，没有读者的厚爱，就没有我们的今天。"《作家文摘》的读者面很广，既有普通百姓，也有文坛大家、艺苑巨星，以至党政军界的高层人物。与这期《读者来信摘抄》配发的，就有一张李德生将军在阅读《作家文摘》的照片，这是在他身边工作的一位军人给我们寄来的。意想不到的是，随着《作家文摘》发行量的飙升，竟然有两位海外的读者直接给我写来了求购信。其中一位叫齐琪。她在信中写道：

　　我是一位已入了德籍的中国人，在德国的

时间不算短了。但对于国内的报刊,仍很有兴趣去阅读。

我在北京也有朋友和熟人,其中一位寄来几期《作家文摘》,尽管早过去大半年了,但贵报的可读性仍然十分高。我又传给在德的朋友们看,人人看得津津有味儿。这恰恰体现了你们极会办报、深懂读者心理的丰富经验。让人们从娱乐性中获得知识,知道人们在消闲中最想看的是什么,是贵报成功之关键。

在德国,有好几十万中国人,然而可读的报刊却很少,除了"星岛"日报之外,几乎是没有。除了大学图书馆每月固定收到那么几本中文报刊之外,一般平民百姓或不在大学工作和学习的人,要想看到国内的文艺精品,就实在太难了。感谢你们把报纸办得这么好。更希望有一天,贵报能有海外发行权,专门是文艺之内容(如贵报内容一样),相信会有很多读者的。

在当时的情况下，《作家文摘》要在海外公开发行，几无可能。唯一的办法，是办理邮寄。当时每张报纸的售价仅为三角人民币，而航空邮资却要高出报价的许多倍。于是我就写信告诉齐琪和另一位叫王愉的美国读者，为节省航空邮资，我每月给她们寄四期《作家文摘》。本来，给外地读者邮寄的杂务是交给临时聘用的一位老会计打理的，但给齐琪和王愉邮寄报纸，地址都得分别写德文和英文，按邮政部门的规定，国际邮件所用的信封，又不能印有红色文字。因此，每次都得把印有"作家文摘报社"红字的信封折开，反过来糊好后使用。我不好意思麻烦老会计，就自己动手，每月给齐琪和王愉寄一次《作家文摘》。至今我还保存着齐琪于一九九四年十月十九日给我回的一封夹有一张纸币的短信："此 20DM 是付到明年四月份的，望有可能来德游玩，住在我家，此旅游城紧临奥地利，美极了。谢谢每月的贵报，十分精彩！"王愉也曾回信说："接到您寄来的几份《作家文摘》，非常高兴。出国已许多年了。国内的事已开始渐渐淡忘，许多字已想不出怎么写了，而您的报纸拉近了我与祖国的距离，使我陶醉在母语文化里。我感到极大的幸福和满足，谢谢编辑部里所有的朋友。"说实在的，我之所以坚持每月亲自给远在海外的这两位热心读者寄报纸，其实也从中"感到极大的幸福和满足"，是一种自得其乐的职业享受。

就这样，直到我一九九七年冬调离《作家文摘》，从不间断地给齐琪和王愉寄了四年多的报纸。没有想到的是，两年之后，即一九九九年八月，齐琪托去德国访问的《中国妇女报》婚姻家庭部主任郭艳秋给我捎回了一份"礼物"：遇罗锦著的《爱的呼唤——在中国大陆一个结过三次婚的女人的自述》。

郭艳秋的前夫是大诗人艾青的长子艾端午，而艾端午是我在《新观察》工作时的同事。因此，早在一九八〇年我就与她认识了，九十年代初，她曾约我在《中国妇女报》上开了一个"男人与家"的专栏，给她们写了十篇生活随笔，反响颇好，就成了相熟的文友。郭艳秋把齐琪的礼物交给我之前，卖了一个关子:"你猜猜,齐琪为什么要送你一本遇罗锦的书?"我看到《爱的呼唤》的书脊上标有"皇冠丛书"的字样,就猜测:"这书是由琼瑶老公平鑫涛办的皇冠出版社出版的,大陆买不着,齐琪知道我在作家出版社工作,一定想看这部大陆买不着的'禁书'吧?"郭艳秋诡异地笑了一下,说:"其实,你是见过齐琪的。你打开书看一下就知道她是谁了。"我翻开《爱的呼唤》,扉页上写的是:

石湾先生留念

德国读者齐琪敬赠

99.8.12 德国

"奇奇"是老米兔给咱起的"爱称",用来做德国名(chi chi)或用来骗人又恰当又实用。……

看到此,我才恍然大悟:原来齐琪就是大名鼎鼎的遇罗锦!而"老米兔",我知道,则是她对第三任丈夫吴范军的爱称。

遇罗锦出身于北京一个知识分子家庭。一九五七年，曾留日的父母双双被打成右派，遇家开始遭遇劫难。"文革"初期，她的哥哥遇罗克

遇罗锦

因发表《出身论》反对血统论而遭逮捕，并于一九七〇年三月被处死刑。受哥哥的牵连，遇罗锦被定为"思想反动分子"，送劳改农场劳动教养三年。一九七〇年三月，劳改农场解散，遇罗锦又被转到河北临西县插队落户。那里的工分值多年没有超过一毛钱。迫于生活，她到黑龙江和一个素不相识的农民结了婚。婚后生有一子，但由于没有感情基础，四年后离婚。没有出路的遇罗锦又回到北京谋生，种过地、干过临时工、当过保姆，也当过无业游民。迫于现实的困境和家庭的压力，使她不得不考虑再嫁。经人介绍，一九七八年七月，她和北京某厂工人蔡钟培结婚。她与老实、忠厚的蔡钟培一起生活

才两年，婚姻就触礁了。一九八〇年五月十六日，时年三十四岁的遇罗锦向北京市朝阳区人民法院提交了诉状，提出离婚。其离婚的背景是，遇罗克的冤案于一九七九年九月得到平反，遇家在政治上得到解放，她回到原先工作的玩具六厂上班，户口也从东北迁回了北京。就在离婚案的审理期间，她的纪实文学《一个冬天的童话》在《当代》杂志一九八〇年第三期上发表（后被译为德、日、英、法四国文字介绍到国外），引起强烈的反响。她的作品以朴实无华的笔触、真实强烈的感情讲述发生在那个特殊年代里的她所经历的悲惨故事，成了伤痕文学的重要作品之一。

对于离婚理由，遇罗锦在诉状中说："我们除了吃饭睡觉以外，没有别的语言。蔡钟培是好人，但绝不是我心目中的爱人。我应当结束这种没有爱情的夫妻生活。"然而，突然的离婚诉求给了过惯普通生活的蔡钟培非常大的打击，起初坚持不离婚，并答辩道："遇罗锦提出要结束没有爱情的、不道德的婚姻，而实际呢？她是在自己的环境、地位、条件发生变化后，变了心。我觉得，这是过河拆桥、忘恩负义。"与此同时，想要说法的蔡钟培主动给报社写信，要求组织群众就自己的离婚诉讼开展讨论。其后，两家发行量都相当可观的杂志公开组织了大讨论：婚姻是以政治、物质条件还是以爱情为基础？离婚标准究竟应该是"理由论"还是"感情论"？大讨论中，尽管有部分人倾向于支持遇罗锦，但是当时的主流舆论还是一边倒地谴责遇罗锦，指责她利用婚姻做跳板，实现自己的功利目的。《人民日报》甚至刊登消息称遇罗锦是一个行为不检点的女人，新华社更是刊发了题为《一个堕落的女人》的内参。一件小小的离婚案，引起了一场轩然大波。

就遇罗锦离婚案组织大讨论的两家杂志，其中有一家就是我当时所在的《新观察》。显然，冲在拨乱反正、思想解放前沿阵地的《新观察》是站在遇罗锦一方的。一九八〇年第六期，在发表北京市朝阳区人民法院法官党春源《我为什么要判决他俩离婚》一文时所加的编者按说得很清楚："我们觉得在五届人大公布新婚姻法时，展开这样一场讨论是有意义的。这个案子有其自身的特点，读者在讨论中固然可以就事论事，也可以不局限于案例本身，而联系自己所接触的实际，就爱情、道德、法律等问题深入广泛地发表意见。"《新观察》所辟的这一"关于爱情与婚姻的讨论"专栏持续刊登到一九八一年第五期，先后收到来稿七百多篇，委托编辑部代转给遇罗锦的读者来信更是难以数计。期间，遇罗锦曾多次到《新观察》编辑部来送稿、取信，向主编和责编朱行陈述她的境遇和意见。因外界盛传"遇罗锦是一个行为不检点的女人"，所以，除朱行而外，我们杂志社的男编辑都为避嫌而不参与接待和面谈。这也就是郭艳秋只说我曾见过齐琪，而与她并不相识的缘由所在。

　　说起遇罗锦，有一件事我至今记忆犹新：一九八一年全国优秀报告文学评选，本来遇罗锦的《一个冬天的童话》已内定获奖，结果临揭晓前中国作协接到上级的一个电话，就把《一个冬天的童话》的奖取消了。消息传开，遇罗锦顿时又由众人热议的时尚英雄变成了轻浮放浪的女人。一桩搅动全国的离婚风潮迅速冷却，批罗派眉开眼笑，欢呼又回复了旧有秩序。而那次获全国优秀报告文学奖的作家们大都是挺罗派。我作为《新观察》派驻颁奖大会的记者，亲眼见黄宗英在获奖作家座谈会上为遇罗锦抱打不平，当场展示她用奖金买的两支金笔，激昂地说："我把这两支金笔送给遇罗锦，支持她写下去！"

遇罗锦与蔡钟培的拉锯战持续了一年多，法院最终还是判离了。与蔡钟培离婚后不久，遇罗锦与北京钢铁学院的教师吴范军相识并结婚。但是，那还是一个极左思潮不甘消退的年代，她身上依然背负着"女陈世美"的恶名。一九八三年，曾经翻译《一个冬天的童话》的一名德籍华人出版商邀请身心俱疲的遇罗锦到德国短期访问，其后，她便辗转定居在德国。其间她多次想接丈夫赴德，但吴范军坚决不去。一九九二年，在僵持的情况下，吴范军主动提出离婚。郭艳秋告诉我，遇罗锦一九九三年和德国人海曼结了婚，生活得相当安宁快乐……

遇罗锦在其所赠《爱的呼唤》的扉页上，还写到,"此书自89年琼瑶来京访问之后,……已宣布不出。……也好,既然不出,那就再改一遍,再恢复原名《一个大童话》吧。"时光倏忽,改革开放三十年以来,中国社会发生了巨大变化。新近,我不仅接连在报刊上读到称颂她是"思想解放运动的战士"的文章,而且还看到了一则《一个大童话》数易其稿后在香港出版的消息。历史,终于还遇罗锦以一个公道和清白。

二〇一一年十月十九日

九十不留书

　　我母亲在世时，最后一次来京，是她八十岁那年。当时我刚搬进新居，希望她多住些日子，可她没住几天，就急着要回我苏南农村的老家。她总这样念叨："常言道'七十不留宿，八十不留饭'，我都八十了，哪能在外乡久住呢，叶落要归根啊!"如今医疗保障体系比起上个世纪好多了，人的平均寿命明显增长。我自己也已年届古稀，按常理，该进入"不留宿"之列了，可我每年总还要出门采风或旅游好多次呢! 令我感到欣喜的是，长寿的文化人越来越多，"文革"中曾和我一起下放到团泊洼五七干校劳动改造的作家艺术家，如张庚、华君武、丁聪、马少波等前辈，都活过了九十岁，而至今仍健在的年过九旬的干校"老学长"还有好多位呢!

　　人到了七老八十，总不免要想到后事的安排。前些天，我从出版社买回了几十本书，因家里的十个书柜都已装满了书,好多书刊只得堆积在地板上,妻子就抱怨道:"你怎么还买书呢,将来等我们走了,这么多书咋办呀?"恰好那天我从《文汇报》上看到一篇写戏剧理论家刘厚生的专访,一开头就提到,"对于人生的终极命题,他不伤感,也不恋旧。刘厚生更愿意向前看,'戏曲界的事儿多,虽然现在不开会不看戏了,但还是关心,着急。'所以,他安排后事的方式,就是和老伴儿把多年积攒下来的五十万元人民币和两三千册藏书都捐给了剧协,建立青年图书馆。别人调侃:现在还有人看书吗?他却说得认真:搞戏剧的人,不能不看书。而且,书放在图书馆还能得到妥善的保存。"刘厚生也是我的干校"老学长",今年九十一岁了,因白内障手术后恢复得不是很好,再看书,眼睛已吃不消了。因此,他把藏书全部捐出,应该说是个最佳的选择。

作为文化人,大都嗜书如命。我在二十世纪末的一二十年间,搬过几次家。每次搬家,最发愁的一件事,就是捆书。捆书之前,先是要淘汰一批书。为此,必须把家里的藏书一本一本地筛选,这实在是个累活。前不久住我家楼上的邵燕祥先生家重新装修，他夫人谢大姐对我说，最麻烦是清理书刊，燕祥不让别人插手，全由他一人检点，近八十岁的人了，真够他呛的。燕祥先生是我们这座大楼里著作最丰的作家、诗人和学者，虽前些年做过心脏搭桥手术，但依然笔耕不辍，佳作迭出，他当然视藏书为宝，分外珍爱了。

记得是六七年前，我家重新装修时，也这样清理过一次家里的藏书。而在此之前，在一次民办读书刊物的研讨会上，有位旧书店老板向与会者打过招呼，说："你们搬家或装修时，淘汰下来的藏书，千万别全当废品卖了，先让我去挑选一下。"那次，这位老板真还从我淘汰下来的藏书中，挑出四百多本，以高出废品收购价好多倍的钱买走了。但这样苦心经营旧书的民营书店老板极难碰到，恐怕绝大多数文化人在乔迁或居所装修过程中淘汰下来的书刊，都当废品处理了，真有点儿可惜。因此，我觉得像刘厚生先生那样，九十不留书，全都捐给中国剧协，建一个图书馆，实在是一个值得称道的善举！

其实，晚年将藏书捐给图书馆的文化名人，不乏先例。最有影响的，当数巴金先生。巴老的藏书，在现当代作家中，可谓首屈一指。他生前，就曾先后数次向北京图书馆（今国家图书馆）、上海图书馆、中国现代文学馆、南京师大附中、泉州黎明大学等捐赠图书数万册。几年前，我在写作有关萧也牧冤案的纪实作品时，由于萧也牧的小说《我们夫妇之间》在一九五一年遭到丁玲、冯雪峰等人的错误批判，致使他的著作成为停止销售和借阅的禁书，我跑了多家图书馆和有关部门的资料室，竟未能查阅到一本。最后，终于在中国现代文学馆的"巴金文库"中找到了萧也牧在新中国成立初期出版的多部小说集，令我喜出望外！如今，中国现代文学馆已为五十多位老作家捐赠的藏书建立了文库。二〇〇六年年末，台湾著名作家柏杨，决定把他的一大批珍贵的手稿、书信、著作、文物，无偿地捐赠给中国现代文学馆时，也已八十六岁高龄。作为一个受益者，我相信，像巴金、柏杨、刘厚生这样"九十不

留书"的文化老人一定会越来越多,读者和历史也
一定会铭记他们这功德无量的无私奉献。

二〇一二年四月二十一日

陆文夫受茅盾先生赞赏前后

陆文夫是我此生认识的第一个作家,那是一九五六年秋,我刚考入江苏省苏州高级中学。其时,他还在《新苏州报》当记者。他的成名作《小巷深处》,正是在《萌芽》一九五六年十月号上发表的。这是一篇非同寻常的小说。众所周知,新中国建立不久,作家们大都集中精力在描写革命战争,讴歌时代英雄。像他笔下的徐文霞那样被旧社会蹂躏过的小人物的精神生活,一向是个被人们遗忘的角落。神圣的使命感令陆文夫拉开了遮掩这一角落的帷幕,让人们听到了那苏州寂静小巷里的坚决的敲门声。这敲门声虽然很小,却让人们一下子惊呆了,在文坛引起了巨大的轰动效应。"近水楼台先得月",我校的文艺爱好者协会立即举办文学讲座,请校友陆文夫(他一九四八年由苏高中毕业)来谈《小巷深处》的创作体会。而我,正是在听了他生动而又亲切的讲座之后，才把他当作偶像，在心中燃起了一把理想之火。或可以说，我是在他的影响下走上文学之路的。前些天，我在翻检尘封已久的一批资料时，发现了他在三十一年前写给我的两封信，便不禁又想起了那年我去约他撰文悼念茅盾先生时的情景。

当时，继《献身》荣获全国首届优秀短篇小说奖之后，他又以《小贩世家》获得一九八〇年全国优秀短篇小说奖。正巧我的老乡高晓声的名篇《陈奂生上城》也同时获奖，我作为《新观察》杂志的记者，到颁奖会上去采访组稿，见他和高晓声同住一室，倍感亲热（此后的几年间，他几乎每年都要到北京来领奖或出席作协的有关会议。而每一次，又都是和高晓声同住一室。这二位当年"探求者"的主要成员，戏称是一对分不开的难兄难弟）。他一见面就说："我手上没得小说稿，你还是问老高要吧！他写得多，一年出一个小说集。"我说："我知道几家大刊物在盯着你的小说稿。这回我不是来向你催要小说稿，而是来约你写一篇悼念茅公的文章的。"他一

陆文夫伏案写作

听我提到茅公，炯炯有神的眼睛瞬间变得黯淡了，连声说："我写，我写，我是要写的！"……从他带有哭音的声调中听得出来，他对茅公分外敬重，内心充满哀痛。

茅盾先生是一九八一年三月二十七日逝世的，正是颁奖会后举行获奖作家座谈会（二十五日至二十九日）的第三天。我之所以约陆文夫写悼念文章，是因为茅公曾在一九六四年四月写过一篇题为《读陆文夫的作品》的评论，发表在同年六月号的

《文艺报》上。在我的印象中，茅公作为文坛泰斗，又身兼文化部长、中国作家协会主席，专为一个青年作家写长达一万四千字的评论，一生中恐怕仅此一次，足见他十分爱才，对陆文夫尤为器重。更何况，陆文夫还是在那个"不平常的春天"被打入另册的"罪人"呢！茅公在文中着重赞扬了陆文夫作品的"独创性"，说："他力求每一个短篇不踩着人家的脚印走，也不踩着自己上一篇的脚印走，他努力要求在主题上，在表现方法上，出奇制胜。"并说："读了他的几乎全部作品以后，我以为作者现正处于向更成熟的艺术境界发展的阶段。"我读到茅公的这篇评论时正是大学毕业前夕，已经知道自己毕业分配的去向是到文化部的直属部门从事专业创作，茅公不仅称陆文夫为"同志"，而且还号召青年作家们向他学习，我就觉得自己当初把陆文夫当作心中的偶像并没有错，在他的影响下选择了献身文学事业的理想也终于实现了！……到了进入新时期的八十年代，回过头来看，茅公当年对陆文夫创作成就的高度评价一点也不过分，或可说是伯乐相马，独

一九八四年末陆文夫（右）与石湾在四次作代会上

具慧眼。因此，茅公逝世的噩耗刚传出来，我就去约陆文夫撰写悼文，也可说是抢了先机。

颁奖会上，我社的摄影记者张祖道拍了一组照片，我特意将陆文夫的单人照选出，放大后给他寄去，顺便写信向他催稿。四月十二日，他给我回信说：

> 来信收到，谢谢。悼念茅公的文章我正在写，争取五六天内完成。回南京时忙得没有一点时间，无法动笔。

小说我一定写。杨筠(《人民文学》编辑——笔者注)也来信,叫我写。我 12 日去杭州,参加《江南》召开的一个会议,约十天左右回苏州。回来后哪里也不去了,埋头写东西。

陆文夫的这封信,等于是给我吃了"定心丸",我立即向主编戈扬作了汇报,给他留下版面,准备将他悼念茅公的文章当作重点稿在下期刊发。然而,到了预定交稿的日期,我收到的并不是陆文夫的稿子,而是他写于四月二十五日的一封极短的信:

昨日方由浙江回到苏州。答允写篇悼茅公的文章,本来想在旅途中写的。结果杂事太多。未能写成。回来翻翻报纸,看到悼茅公的文章已经写得很多。我再写也不过如此。所以不想写了。让我认真考虑一下,给你们写个短篇小说吧。

后来我才明白,陆文夫之所以突然改了主意,是因为当时文艺界受《苦恋》遭批判的影响，"文革"中饱受摧残的作家们仍心有余悸，即使是悼念茅公的文章，也不敢触及历次运动中文学界深层次的问题，而在陆文夫看来，若只是写礼仪性或表态性的悼文，"不过如此"，还不如不写。因为在当时的情况下，即使他把茅公赞赏他之后的那段悲惨往事写下来，《新观察》一旦发表，也许就会因不合时宜而招致不必要的麻烦。而在我，作为一个从年少时就关注他命运沉浮的忠实读者，至今仍对那个当代文学史上的特例记忆犹新——

　　一九六四年，茅公的《读陆文夫的作品》一文发表，自然在文坛引起了很大反响。可以说，谁也没有料到，如此德高望重的权威人物会公开站出来赞赏当年"反党反社会主义的'探求者'"！应该说，写这样一篇具有震撼力的评论，不仅需要高度的勇气，而且需要超人的智慧。明眼人一看就知道，茅公是有意在文中回避了反右运动，只字不提陆文夫的"探求者"经历（一九五七年，被打成"探求者"反党小集团的，包括高晓声、方之、艾煊、叶至诚、梅汝恺、陈椿年等一批血气方刚、大有作为的青年作家)。至于陆文夫的成名作《小巷深处》,既然是评他的全部作品,则无法躲闪过去。然而,茅公是对照陆文夫的第一个小说集《荣誉》,来评价《小巷深处》的。

他先是这样写道:"从《荣誉》集的八篇,可以看出陆文夫的创作态度是严肃的。他努力要从生活的各个角度去挖掘具有典型意义的新人新事,而且要努用生动多彩的笔墨来歌颂这些新人新事。他在故事结构、人物塑造、文学语言这三方面,都煞费苦心。"然后,他才提到写于《荣誉》一年之后的《小巷深处》,"比《荣誉》倒退了好多步。无论从题材、文学语言看来,《小巷深处》的格调都不高,特别是主角(也是个女工)的思想意识有着相当浓厚的小资产阶级的色彩。就这一点而言,它比《荣誉》集八篇的任何一篇都后退了一步。"谁都知道,《小巷深处》是陆文夫早期的代表作,更是在一九五七年的反右运动中被批得"臭名昭著"的一株"大毒草",在洋洋万言的《读陆文夫的作品》中,茅公只是"轻描淡写"地提了这么几句,真可谓用心良苦。因为既然是专谈陆文夫的作品,闭口不谈《小巷深处》是断然不可能的,而在内心里,茅公又并不认为它是"大毒草",在当时的政治气候下,谁敢明目张胆地站出公开为被打成"探求者"反党小集团的青年作家们翻案呢?他设法把原本是反党反社会主义的政治倾向问题淡化成所谓格调不高的创作思想问题(无疑这也是迫不得已的违心之言),就已经是难能可贵的了。

其实,茅盾在此时撰文赞赏陆文夫,并不是他的个人行为。在此之前,即一九六三年十二月十二日,毛泽东就文学艺术作了"重要批示":"许多共产党人热心提倡封建主义和资本主义的艺术,却不热心提倡社会主义的艺术,岂非咄咄怪事。"文艺界的形势骤然紧张起来,创作没法搞了,中国作家协会的领导人很着急,便在北京召开了一个短篇小说座谈会。可以说,这是一个贯彻落实毛泽东"重要批示"精神——"热心提倡社会主义的艺术","从调查研究着手,认真地抓起来"的会议。茅公和许多著名的老作家、文艺理论家出席了这次会议。会上,茅公听了陆文夫的发言,很感兴趣,认为他的小说创作是无路之中的一条路。会后,他便"应《文艺报》编辑部之请,写下了这篇短论"。在发表茅盾《读陆文夫的作品》的同时,《文艺报》还刊出了陆文夫一九六四年四月写的《致编辑部的一封信》(其主要内容与他在短篇小说座谈会上的发言相一致)。在这封信中,陆文夫向编辑部汇报了他几年来工人生活的最主要收获是思想感情的变化,"是一个从人生观到艺术兴趣的大变化"。而在此前,《文艺报》编辑部给苏州机床厂厂长途电话,了解陆文夫在厂里的表现。厂部和车间领导经过认真讨论,并征求了群众意见后上报说,陆文夫已"改造成为新人",相当于三级车工。这就是说,《文艺报》编辑部约请茅公写这篇论文,其用意是要树立一个典型,让一批在反右运动中被放逐的有才华的青年作家看到希望,尽快重返文坛。

在一九五七年遭难的那群青年作家中,陆文夫确实是最早重操旧业的。一九六〇年初,江苏省文联重建创作组。为了体现"给出路"的政策,决定从过去因"犯错误"而被逐出文坛，在劳动改造中表现较好的作家中抽调一人。于是，幸运之神就降落到了陆文夫的头顶，让他结束了苏州机床厂的劳动生活，回到专业创作队伍。有朋友劝他说，快动手写点小说，以便改善处境。从此时起到一九六四年初的四年时间里，他陆续在《人民文学》、《雨花》、《上海文学》、《光明日报》、《文汇报》等报刊上再度亮相，发表了《葛师傅》、《二遇周泰》等十余篇小说。茅盾在赞赏了陆文夫这一阶段的创作收获之后，热忱地说："我们满怀喜悦地期待着陆文夫的更多更大的成功。"

但是，谁也没想到茅公的这篇文章发表得不是当口。正是在这年的六月二十七日，毛泽东对文学艺术又作了一次"重要批示"，称文联各协会（作协自然首当其冲），"最近几年，竟然跌到了修正主义的边缘。如不认真改造，势必在将来的某一天，要变成像匈牙利裴多菲俱乐部那样的团体。"于是乎，茅公的文章发表仅三个月，批判陆文夫的文章就纷纷出笼，江苏的《新华日报》竟用两个整版的大块文章要把他批深批透，被茅公肯定的《葛师傅》、《二遇周泰》等小说一夜之间又成了"大毒草",连他在劳动中学技术、得奖也统统是假的,是阶级敌人闹翻案的"新花招",要老账新账一起算!陆文夫感到这场批判比一九五七年对他的批判要厉害好几倍,可见来头大得吓人。他绝望了,竟动了从灵谷寺塔跳下的自杀念头……

　　陆文夫性格内向,近乎冷峻。关于第二次被逐出文坛的痛苦经历,他复出之后,从未在媒体上披露过。而我去约他写悼念茅公的文章,他就不能不写出那幕乐极生悲的惨剧了。往事不堪回首,他实在是下不了笔。更何况那些当年奉命批判他的人都还健在,又何必去触他们内心的隐痛呢?思来想去,他为了不使我太过失望,只得在信末说:"让我认真考虑一下,给你们写个短篇小说吧。"他说话算话,尽管我在一九八四年夏调离了《新观察》,但他后来还是确实给了我一部中篇小说力作,那就是在一九八五年第三期《中国作家》上发表的《井》。

二○一二年六月十八日

想起陈恭禄先生

　　前些时日，有媒体披露，一家出版社筹划一套中国历史文化名人传记丛书，开列近百位传主的名单，张榜招贤，为每位传主撰写一部二十五万至四十万字的传记。这当然是个值得称道的大工程。但是，写古代名人的传记谈何容易，无论是多了不起的作家，你不占有充足的史料，单有生花妙笔，也无济于事。譬如关汉卿，一九五八年曾被世界和平大会理事会定为世界文化名人，可据我所知，有关关汉卿的生平的资料史籍上只有零星的记载，当年为纪念他创作七百周年，田汉奉献的话剧《关汉卿》，其主要情节纯属艺术虚构。如果是要田汉为关汉卿写一部文学传记，尽管他才高八斗，恐也难为无米之炊。这就不禁使我想起陈恭禄先生当年谆谆教导学生的一句话："做历史文章，要有一分材料说一分话。"

一九五九年，自幼爱好文学的我，意外地被南京大学历史系录取。进校之后，我"身在曹营心在汉"，依旧痴迷于文学。因此常挨班主任老师和同学们的批评，说我"专业思想不巩固"。记得班主任老师首次找我谈话时就说，南京大学是原中央大学和金陵大学的文学院合并而成的。文史不分家，南京大学历史系的教师阵容很强，有不少新中国成立前就很出名的教授。如陈恭禄先生，与中山大学的陈寅恪教授，并称为"史坛二陈"，是大师级的人物。当时的重点大学是五年制，头三年是上基础课，我们历史系的主课是中国通史和世界通史。同学们都知道，陈恭禄先生是著有一部《中国通史》的，但在头三年里，他不但没有给我们授过一次课，而且系领导明确告诫我们，课外也不要把陈恭禄先生的《中国通史》当作参考书，究其原因，据说是因为蒋介石曾肯定过这部书。凡是敌人拥护的我们就要反对，这是当年信奉的金科玉律。所以，系领导最推崇的是范文澜主编的《中国通史》。范文澜是中共八届候补中委，深得毛泽东主席的赏识。这样，老师给我们授的中国通史课,自然是以范文澜的《中国通史》为母本的。这倒给了似我这样平时不好好听专业课的学生开了方便之门,只要在期末考试前恶补一下以阶级斗争为纲的范式《中国通史》,尤其是关于农民起义的章节,准能考得五分(当时照搬苏联的五分制,五分为最高分)。

到了四年级,班上的同学一分为二,即分为中国史和世界史两个专业了。我选的是中国史专业。在中国史专业中,有一门选修课很奇特,那就是陈恭禄先生的《中国近代史史料概述》。所谓选修课,

陈恭禄(右一)在一次学术报告会上演讲

即学生可选也可不选。未料，陈恭禄先生的这门《中国近代史史料概述》，选修的同学十分踊跃，几乎一个不落。首先，同学们是冲着陈恭禄先生的名望去的，尽管他当时的"名"是所谓"臭名昭著"，但他毕竟是硕果仅存的几位史坛泰斗之一。其次，三年来学史，我们已经听腻了那些教条式的史学观点，对只讲史料的选修课自然兴趣倍增。同学们心里也很清楚，系里之所以不让陈恭禄先生开《中国近代史》课程，是因为怕学生们中陈恭禄先生史学观点的"毒"。

陈恭禄先生一九二六年毕业于金陵大学历史系，是系主任、美籍教授贝德士的得意门生。早在大学期间，他就已在贝德士的指导下搜集中外史料，为写中国近代史做准备。他历经近十年完成的《中国近代史》共十九章六十余万字，一九三四年三月由商务印书馆出版后，由于其资料翔实、详略得当和持论公允，数月内连销四版，并被读书竞进会选为大学丛书，成为二十世纪三四十年代中国近代史最完善的教材，在学界产生了很大的影响。未料,世事变迁,一九四九年后,他就被陈伯达点名,称为"反动历史学家"。于是,重压之下,他不得不在一九五六年十二月南京大学《教学与研究汇刊》创刊号上发表长达一万四千字的《对旧著"中国近代史"的自我批评》。幸有这篇含泪自残的文章,使他在"大鸣大放"时闷声不语,躲过了一九五七年反右一劫。但到了一九五八年所谓"史学革命",他的《中国近代史》仍被作为资产阶级史学观的典型再度遭到了批判。尽管遭受如此不公正的待遇,但他并未曲学阿世。其时,他曾受人民出版社之约,重写《中国近代史》,写了一部分,送给出版社看,却被劈头怒斥"存在严重错误"。于是,他就断然搁笔,不再重写。我进南大时,校长是原云南省委书记、省长郭影秋,他也是一位史学家,有《李定国纪年》一书行世,对历史系的教学与学术研究尤为关注,并强调要充分发挥老教授们的作用。我想,历史系在一九六二年让陈恭禄先生开设《中国近代史史料概述》课程,也是为了发挥老教授的一技之长吧?

听陈恭禄先生的课,是那个年代一种难得的享受。陈先生当时已年过六十，生活上有些不修边幅，冬天穿一件普通的中式棉袄，双手交叉插在袖筒里，若不是腋下夹着一卷讲稿，看上去活像一个看门房的老头儿，没有一点大学者的派头。他讲课从不照本宣科，总是进教室就先把讲稿往讲台上一甩，然后侧身将胳膊肘依着讲台，手撑腮帮，便操着浓重的镇江口音不紧不慢、无拘无束地讲述下去，以至唇沾白沫，也顾不得擦一下。记得他给我们讲头一课时就声明在先："讲义都已经发给同学们了，你们课余时间看看就是了。我虽按着讲义的章节顺序来讲，但讲的史料大都是讲义上没有的。将来考试，我只按讲义出题。我在课堂上讲的，有谁不爱听，打瞌睡也不要紧。"他话是这么说，可他所讲的大都是生动有趣的珍闻秘事，令人耳目一新，津津乐道，一扫平日沉闷的课堂气氛，哪还会有人打瞌睡？因此，有同学就笑称陈恭禄先生的讲课风格像"说书"。此议论后来不知怎么传到了他的耳朵里，为此每当讲到鲜为人知的史料时，不等学生提问，他就随口说出：如若不信，你们可查某书第几页第几行或某报某年某月某日第几版。足见这些难得一见的珍贵史料他都烂熟于胸，一旦登台开讲，就像山泉一样奔流不息。当同学们问他怎么搜集到这么多珍贵的中国近代史史料时，他回答："学历史，头一件事就是要尽可能多地掌握自己独有的史料。做历史文章，要有一分材料说一分话。"就是在他给我们开《中国近代史史料概述》课的时候，戚本禹在《历史研究》一九六三年第四期上发表了《评李秀成自述》一文，围剿翦伯赞、罗尔纲、梁岵庐、吕集义等史学家，并以此影射瞿秋白的《多余的话》。陈恭禄先生在我们历史系举行的讨论会上公开亮明自己的观点："我看戚本禹的文章既没资料又没新观点，是站不住脚的。如果这篇文章是我的学生写的话，评分就不得及格！"

二〇〇九年秋，为纪念入学五十周年，我们班的同学首次回南京大学历史系聚会。好些同学见到我都说："你大学一毕业就如愿以偿地去搞了文学，以为你早把历史系的老师、同学忘了，这次不会回母校来聚会了呢！"座谈会上，我说："文史不分家。我正在为作家、编辑家萧也牧写传记，花了近一年的时间搜集资料。艰难的写作过程中，我就时常想起陈恭禄先生，是他说的'做历史文章，要有一分材料说一分话'，一直在激励着我。后悔的是，陈先生当年的《中国近代史史料概述》讲义，因为处在三年困难时期，是用褐黄色的劣质纸油印的，我没能保存下来，真是愧对他老人家了。"一位在北京某高校任教的同学说："陈恭禄先生一直是我的偶像。《中国近代史史料概述》讲义当年是分几次发给我们的，毕业后我把它装订成册，现在还在我的案头摆着呢！那可真是大学教材中的精品啊！"留在母校历史系任教的一位同学随即告诉大家，陈恭禄先生是在"文革"开始后又一次被公开点名批判后于一九六六年十月患癌症逝世的。一九七九年南大历史系召开了隆重的陈恭禄先生追悼会，恢复了他著名历史学家的名誉。他当年的《中国近代史史料概述》讲义，经他儿子陈良栋整理后，已于一九八一年由中华书局出版。这部书出版以来受到学界的广泛欢迎，至今仍是很多高校史料学课程的参考书……听到此,我顿然醒悟:余生无论弄文还是撰史,当不忘做陈恭禄先生的一个及格的学生。

二〇一二年八月七日

莫言的第一本书

十一日晚，我去一位朋友家取一本王世襄先生的书，未能收看电视节目和上网。十多年前去了日本、久未联系的作家黑孩，突然从东京打来电话。她说正在看电视新闻节目，得这次诺贝尔文学奖的不是日本的村上春树，而是中国的莫言。莫言的第一本书《透明的红萝卜》和第一个长篇《天堂蒜薹之歌》是你给他出的，是否已打电话向你表示感谢？我说，自我八年前退休后再没有见过他，也没有任何联系。但你还记得这件事，我已经很感动了。接完电话，我就找出莫言第一本书的签名本，看到扉页上留有"感谢您的劳动"的题字，作为一个老文学编辑，备感欣慰和快乐！

作家出版社恢复建制后，先是全力以赴创办大型文学期刊《中国作家》，待到从维熙在一九八五年夏天上任总编辑之后，才全面启动出书业务。他下

《透明的红萝卜》封面

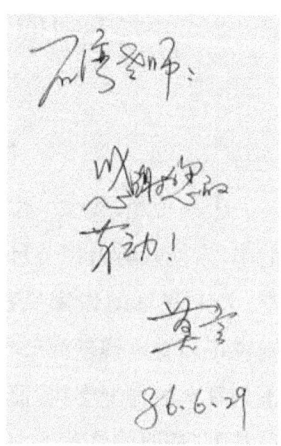

莫言在《透明的红萝卜》签名本上的题字

车伊始便大展宏图,提出了出四套大型丛书的构想。这四套丛书是:当代小说文库、无名文学丛书、作家参考丛书和开拓文学丛书。作为小说编辑室主任,前两套丛书的编选责任就落在了我的头上。当代小说文库,是出版优秀的长篇新作,组稿对象以著名作家为主,而无名文学丛书,则是以发现和培养青年作家为己任。从维熙在向我交任务时,说龙世辉和房树民两位副总编商量过了，为了使无名文学丛书尽快推出，拟请当时的"四小名旦"（即《萌芽》、《青春》、《青年文学》、《青年作家》杂志）各编一本青年作家的优秀作品选同时推出。我凭借对文学创作现状的了解，斗胆否定了这一方案。其理由是，新时期来出现的文学新人，好些"一鸣惊人"的佳作，往往是在更有影响的文学刊物，如《人民文学》、《上海文学》、《当代》、《十月》上以显要位置问世的。若是只选"四小名旦"所发作品，则肯定有一大批一流作品被排斥在外，那就很难保证这套丛书的高质量了。于是，我提出了一个为青年作家出第一本书的方案，并改名为"文学新星丛书"。列入第一辑的五名作者是：阿城、王兆军、莫言、刘索拉、何立伟。从维熙说，你的主意很不错，表明这套丛书的起点很高。可是，他们的稿子你有把握组来吗？我说，你同意这个方案，我就尽力而为吧！

阿城的《棋王》敲定之后，我就接着与王兆军、莫言、刘索拉和何立伟联系，组稿工作进行得十分顺利，书名分别为《蝌蚪与龙》、《透明的红萝卜》、

《你别无选择》和《小城无故事》。因为都是出第一个集子，他们都很激动，记得第一次约莫言到出版社来时，他竟不敢相信地问我："石湾老师，我真的可以编一个集子出版了吗？"当时莫言正就读于解放军艺术学院文学系，他的中篇小说《透明的红萝卜》是他的恩师徐怀中推荐给我们《中国作家》的。考虑到莫言对于广大读者来说还是一个很陌生的名字，《中国作家》在发表这篇中篇小说时，特意配发了一篇军艺师生关于《透明的红萝卜》的对话：《有追求才有特色》。莫言在《对话》中就曾谦虚地说："我的思想还很浅薄幼稚，写作功底也不厚实，根本没形成自己对艺术和生活的固定的、系统的看法，一切都是支离破碎的。只不过是在听课中受了老师的启发，自己胡乱地想想，胡乱地尝试尝试。"对莫言的尝试，徐怀中予以了充分的肯定，说"这是一种很难的写法"。徐怀中还说："他有一篇《民间音乐》，你们看过吗？那篇东西很精彩。莫言对农村还是有很深的感情的，写农村题材是他的优势。……总之，从我看了莫言的《民间音乐》再加上这篇《透明的红萝卜》，我想，他已经初步形成了他自己的一种色调和追求。"据此，我对莫言说，徐怀中同志那么器重你，他是中国作协副主席，又是我们《中国作家》的编委，加上孙犁同志也很赞赏你的《民间音乐》，你已经发表二十多万字的作品，完全可以选编一个很像样的集子了！他高兴地笑了，眼睛眯成一道缝。

　　"文学新星丛书"确定五本书组成一辑，我是受了"文革"前作家出版社一套诗丛的影响。入选那套诗丛的是李瑛、严阵、张永枚、梁上泉、雁翼等五位青年诗人的精品集，分别由德高望重的老诗人光未然、臧克家、田间、严辰、戈壁舟为之作序，出版后在年轻一代的诗歌爱好者中产生了巨大的反响。当年，我就是读着这套丛书学习写诗的。由此我想，编文学新星丛书，为的是推出新人，也就必须借助老作家和有影响的文学评论家的力量，请他们分别来为"文学新星"作序，在创作上给予点拨。这不仅有利于他们的成长，而且也会使广大读者，尤其是文学青年从中受益。每个集子请谁作序，我们都是先征求作者本人的意见。《透明的红萝卜》是请徐怀中写的序，他是莫言心中真正的伯乐。

这套"文学新星丛书"，每本书前用的均为作者的漫画像和独具个性色彩的《小传》。书前不用作者照片而用漫画像，最初是阿城提议的。我想起他在"星星画展"上展出的《人体线描》很见功力，就请他为莫言和何立伟画了两幅漫画头像，尤其是莫言那幅，轻轻几笔，就惟妙惟肖地勾出了莫言憨态可掬的神态，堪称一绝。原稿我至今还珍藏着。

在第一辑的书稿落实后，我为这套丛书写了一个《出版说明》："文坛时有新星升起。一批思想锐敏、艺术个性独特的青年作家，近年来创作了大量别开生面的优秀作品。从他们身上，我们看到了中国社会主义文学的希望。为扶植新人，繁荣创作，我们特分辑出版这套均系青年作家第一部佳作的'文学新星丛书'。愿这套丛书的陆续出版，能为文学新星的崛起和壮大，起到铺路搭桥的作用。我们的事业是伟大而艰巨的。我们深信，中国的社会主义文学，必将迎来一个群星灿烂的时代。"阿城的

阿城画的莫言漫画像

《棋王》首印的一万五千册销完之后，在第二年又重印了两次。一个中短篇小说集，能在短期内连续印行，这是极为少见的现象。这不仅促进了我们的编辑工作，而且也迅即把"文学新星丛书"的品牌叫响了！由于《棋王》的带动，随后推出的王兆军、莫言、刘索拉、何立伟的集子都销得不错，真正做到了社会效益和经济效益的双丰收。然而，到了八十年代末中国作协领导班子改组后派工作组进驻作家出版社时，竟在全社大会上对文学新星丛书的《出版说明》横加指责，质问我为什么在《出版说明》中不提毛主席的"二为方向"？甚至说，作家出版社恢复建制后就热衷于出什么"文学新星丛书"，为什么不先出一套老作家的"延安文艺小丛书"呢？……幸好工作组很快就撤离了，当时主持中国作协日常工作的玛拉沁夫同志来兼任作家出版社总编辑，他在全社大会上说了句公道话："我看文学新星丛书的《出版说明》写得不错。如果硬要说有什么不足的话，是'社会主义文学'一词用了两次，其实用一次就够了。"

莫言在《红高粱》改编成电影后名声大振,佳作迭出。记得是一九九五年秋,有一天,已是晚间十一点钟了,我临睡前突然接到莫言的电话。自我创办《作家文摘》后,已有三四年未与他联系,寒暄几句之后,我就想,他这么晚来电话,肯定有什么急事。果然,未等我问,他就切入正题:"听说你们《作家文摘》要转载一篇关于我的专访,是吗?"我回答:"是的,明天就出大样。"他问:"还来得及撤版吗?"我颇有些意外,问他怎么啦? 站在报纸的立场上,我当然不希望临时撤版换稿,便说:"如果你觉得有失实或者表达欠妥的文字,稍作些删节和订正,还是来得及的。"他颇有些气愤地说:"不,是我今年以来从未接受过记者的采访,那标题上不是写着'近访'吗? 没有的事儿!"我立即明白了,不是什么文字细节上的事儿,而是他压根儿认定这是一篇伪专访。为了弄清这篇伪专访的来由,我随即问了一句:"你认识这位记者吗?"他回答:"或许见过,那是在一次旅途中,曾与两家记不清是叫什么报纸的记者打过照面,但我没有接受他们的采访。"听他讲到此,我便爽快地答应了他的请求:"好吧,我尊重你的意见,把它撤下来。"因当时《作家文摘》没有照排设备,是由人民日报印刷厂代为照排,临时撤版、补稿当然是件麻烦事,但为了一个有影响的作家的尊严和声誉,此事是不能不办的。不然,一旦因转载这篇伪专访而惹起更大的麻烦,以致引起轩然大波,那时就不可收拾了。

我从网上看到,莫言获诺贝尔文学奖之后,各路媒体的记者都在千方百计地想抢在第一时间采访他。但他人在故乡高密。我想,能赶到高密去采访他的记者毕竟有限,那些见不到他的记者们,千万别再东拼西凑、道听途说地炮制伪专访。因为我知道,从出道开始,他就是一个很质朴、很真诚的作家,玩不得半点儿虚假。

二〇一二年十月十四日

高晓声与丁保林

　　著名作家高晓声逝世十三年了。一九九九年和二〇〇四年，我曾先后以《作家里的乡亲》、《高晓声存钱》为题，写了两篇怀念他的文章。今年十月回故乡小住时，正巧丁保林先生打电话给我，邀我出席高晓声文学研究会的成立大会。去年立冬那天，正是老丁陪我和家乡的几个文友一起去高晓声墓上祭扫的。记得一见面老丁就对我说："我看过你写的《高晓声存钱》之后，就把你想在有机会回江苏时要寻到老高的墓地去烧点纸钱的话记在心上了。老高是逝世六年之后，由南京迁葬武进的。因此，常州城里的朋友大都不知道他的墓在什么地方。这次他们几个筹划成立高晓声研究会，说先要去看看老高的墓，我就想到，一定要设法叫上你这个难得回乡的作家朋友，好让你了却一笔'心债'。"

一九九九年六月,《高晓声散文自选集》刚由作家出版社出版,高晓声收到样书没几天,就撒手人寰了。这是高晓声生前出版的最后一本书,也是他交给我这个老乡来为他编辑出版的唯一一本书。为此,我在《高晓声存钱》文末愧疚地写道:"在高晓声逝世五周年之际,我从作家出版社的岗位上退了下来,他那笔稿费却还封存在出版社的账上。这些天我整理二十多年来文朋诗友的信札,见要数高晓

一九九六年高晓声(左)与石湾在圆明园

声给我的信最多。我就想着,等我下次回江苏,一定要寻到他的墓地去烧点纸钱。倒不是我讲迷信,实在是觉得不了却这笔心债,一想起这位在农村受了多半辈子穷的作家老乡,胸中就堵得慌。"老丁这样热心地来帮我了却这笔心债,不仅令我感动,而且也足见他和高晓声的友情非常之深。为此,去年我就与他约定,待高晓声文学研究会的成立之时,我一定回乡来,要听他说说他记忆中的高晓声。

从小"粉丝"到穷兄弟

丁保林是高晓声文学研究会的副秘书长,在他忙完成立大会的繁杂事务之后,我就与他约定见面的时间。他住在常州市中心的玉带路居民小区,但当我从乡下乘车抵达他家附近的青山桥后,他却没有直接带我去他玉带路的寓所,而是上了停在青山桥堍的一辆他女儿丁婷开的小轿车,说是去他乡下的家——董村。从青山桥到董村有四十分钟的车程。他说,他董村的家是高晓声复出后一个重要的写作"根据地",带我到那儿去聊高晓声,睹物思人,自然就会有一种身临其境的亲切感。

上车之后,我就问老丁:"你和高晓声是什么时候认识的?"他说:"我第一次见到老高是'文革'期间,大约是一九七〇年。不过我早在五十年代初就知道他的大名,用现在的话说,是他的一个小'粉丝'。"

我原以为老丁年少时就是文学爱好者,喜欢高晓声的小说呢。听他一讲,才知道老丁从小是个戏迷,最爱家乡的地方戏:锡剧。新中国建立之初,红遍江南的现代锡剧是江苏省锡剧团姚澄主演的《走上新路》,可谓一票难求。因当时剧场贴出的海报明文规定"每人限购两张",所以连姚澄的公公叶圣陶先生一九五四年九月到上海去看此戏,据说都是自掏腰包,排队买的票。丁保林不仅在武进多次看过当地剧团排演的《走上新路》,而且,在南京读书时,还慕名去看过姚澄版的《走上新路》。这出戏的编剧,正是高晓声和姚澄的丈夫叶至诚。当得知高晓声就是自己的武进老乡时,丁保林心里就生出一种莫名的崇拜感，觉得他是一个了不起的剧作家，很想见到他，拜他为师。

丁保林不仅自己是个锡剧迷，而且他的妻子玉芳，还天生一副好嗓子，是个农村业余锡剧团的台柱。为此，他曾经给村里的业余锡剧团写过小戏。他第一次意外地见到高晓声，是在郑陆区召开的一次业余戏剧创作会议上。会议地点是三河口中学，参加会议的文艺积极分子很多，临开会时，县文化局的苏少英对坐在大会场最后一排的一个土头土脑的人喊了一声："高老师，你也来啦！请到前边来坐。"但只见那人摆了摆手，并没有到前排去坐。这个被县文化局的干部尊重的乡下人，立即引起了丁保林的注意。他悄声向苏少英打听了一下，才知道这位"老师"就是他心仪已久的高晓声。因此，临散会时，他就一把拽住了高晓声，作起了自我介绍，表示要拜他为师，学习写戏。两人就亲切地聊了起来。高晓声说他从一九五八年回乡当农民后，就再也没搞过创作。一九六二年摘了右派分子的帽子，才被派到三河口中学来当教师。"文革"开始后又遭批斗，被押到农村劳动改造了三年，刚回校当勤杂工。要不是这次会议在三河口中学开，是不会有人通知他来参加会议的。他只是来听听会而已，哪还会参与文艺节目的创作？至于教人写作，就更不敢当了。丁保林对高晓声的处境和心情深表理解，并告诉高晓声，他原先在南京交通专科学校读书，离毕业只有两个月了，一九六二年五月，学校突然接到了被撤销的通知，校长是位参加过两万五千里长征的干部，送学生们离校回农村时不禁失声痛哭……

　　因都是从南京回乡来当农民的，他俩心中便顿生了一种"同是天涯沦落人，相逢何必曾相识"之感。高晓声对丁保林说："那我们就交个朋友吧！"丁保林与高晓声结交时，他已进新安采石厂工作，活不是太累，仅是抄抄写写，整个材料什么的。可当了教师的高晓声，依然还得干力气活，天天要出一身臭汗。丁保林说，那时候农村卫生条件很差，每次见到高晓声，总能闻到他身上有一股刺鼻的发腻气味。于是，每隔十天半月，丁保林就约高晓声到厂里来洗一次澡。厂里有锅炉，烧好了水，两人就在大浴锅里一起洗澡，不只是赤诚相见，还相互擦背，什么话都说，亲如同胞兄弟。高晓声说，他从南京回乡时，连粮油关系都未转，因此他是直接下到最基层，彻彻底底当了面朝黄土背朝天的乡巴佬，所有农民该干的活，他都会干，而且干得比别人还要好。每年插秧，生产队里他总是排在第一个。有次他让丁保林捏他的胳膊，问："你看看我这胳膊上的肌肉多硬，在武进县能找到第二个人吗？"

高晓声告诉丁保林，他和陆文夫、方之、叶至诚、陈椿年等青年作家在一九五七年商量创办同人刊物《探求者》，要在中国文坛上创造一个流派，因《启事》是他起草的，反右运动中就被当成《探求者》"反党小集团"的罪魁祸首，遭到批判，而就在省文联正将批判的火力都集中到他的身上时，他却突然失踪了。有人以为他想不开，到燕子矶去投江自杀了。不料过了几天他却回来了，负责审查《探求者》的人厉声责问他到哪里去了，他竟回答说回家结婚去了。原来他和大学同学邹主平相恋多年，但因邹有肺病而不宜结婚。在大难临头之际,他便以这种闪电式的举动把关系确定了下来,以期患难与共,生死相依,想在被打入另册之后,窝巢里还有一位红颜知己。哪知新婚不到一年,邹主平便因肺病不治而去世了。更不幸的是,邹主平的肺病还传染给了他。妻亡后他自己的肺病也日益严重,幸亏得到当时在苏州文化局工作的一位好友的帮助,住进了苏州第一人民医院治疗,拿掉了三根肋骨,切除了两叶肺,才得以活了下来。他家三代单传,为了有人传宗接代,父亲一再催促他再婚。可是一个头戴右派帽子的人,谁家的姑娘肯嫁给他呢?拖到四十四岁那年,经人撮合,他才与年轻寡妇钱素贞结了婚。钱素贞与前夫有三个女儿,带到他家两个。他与钱素贞结婚当年,就生了个儿子。这样一来,加上父亲和继母,他就是七口之家,生活的重担几乎是全压在他一人肩上。为了养活这一家子,除了下大田挣工分外,他不得不起早贪黑捞鱼摸虾、编箩筐、育蘑菇、做小买卖……就这样累死累活地干,一家人依然吃不饱肚子。

有一次，丁保林去董墅看望他，临别时他执意要送丁保林。送出村很远一段路了，见天色已晚，丁不让他再送，他却坚持要再送一程。这时，丁才意识到他有什么话想说而说不出口。于是丁就说："我们是老朋友了，你有什么事要我帮忙，你直说就是了。"这下他才不好意思地开了口："保林，我家还有几千斤口粮压在队里呢，你能不能借我两百元钱，我好把口粮称回来过年？"辛苦一年，烧年夜饭的米还没有着落，真让人心痛。可丁保林除了两行同情泪外，也实在帮不了他，说："老高，我也三个孩子，加上老母亲，六口之家，也都得靠我一月几十元钱的工资养活，我哪有一分存款啊！"他听后，不禁感慨地说："我俩真是一对穷兄弟啊！"

甘愿做他的一块垫脚石

那年头，把无钱到生产队称回口粮的社员叫"漏斗户"。高晓声后来在小说《"漏斗户"主》中塑造的陈奂生形象，其实就是他自己的写照：

他总是低着头，默默地劳动，默默地走路。他从不叫苦，也从不透露心思，但看着他的样子，没有一个人不清楚，他想的只有一件东西，就是粮食。有些黄昏，他也到相好的人家去闲逛，两手插在裤袋里，低着头默默坐着，整整坐半夜，不说一句话，把主人的心都坐酸了，叫人由不得产生"你吃过晚饭没有？"的猜测，由衷地发出一声轻微的叹息。而他则猛醒过来，拔脚就走，让主人关门睡觉。这样的时候，总给别人带来一种深沉的忧郁，好像隔着关了的大门，还听得到夜空中传来的饥肠辘辘声。

　　《"漏斗户"主》是高晓声在"四人帮"垮台之后，预感到自己即将重返文坛前，最早写成的一个短篇小说。而丁保林正是这篇小说的第一个读者。丁保林告诉我："有一天高晓声突然到我厂里来，说想要写东西了，可家里一张纸也没有，问我手上有没有稿纸？我说没有，就找了几本厂里开发票用的旧三联单和公文纸给他。过了些日子，我去他家看他，一见面，他就把一叠写满字的三联单递给我，说：'你来得正好，我一夜未睡，刚刚写完这篇小说，你坐在这里慢慢看吧，我要去睡觉了。'啊呀，我一口气把《"漏斗户"主》读完，觉得写得好得不得了，真的是拍案叫绝啊！等老高醒来之后，我就对他说：'我从来也没有看到过这么好的写农民的小说，你赶快投给《人民文学》吧，发表后保证会在全国引起轰动！'"

高晓声一九八〇年在故居写作

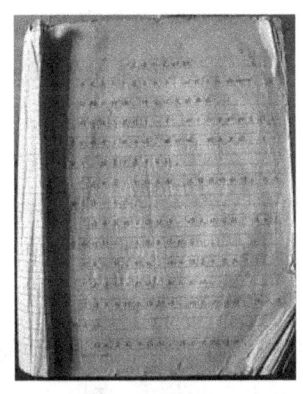

丁晓林保存的高晓声小说《一支唱不完的歌》手稿

写成《"漏斗户"主》时,因《探求者》冤案尚未平反,所以高晓声还不敢径直向《人民文学》投稿。待他又写成《李顺大造屋》之后,就揣着这两篇得意之作去省城打探文坛的气候去了。粉碎"四人帮"之后,陆文夫、方之、叶至诚都回到了文艺界,昔日的难友重聚一堂时,惟独不见高晓声。他们都信了传闻,以为高晓声在三年困难时期饿死了,没想到有一次他们几个都在南京开会,一个灰头土脸的老农突然出现在他们下榻的旅馆,定睛一看,原来是二十一年没见的高晓声!高晓声没说这二十一年是怎么活过来的,先把一沓稿纸交给了陆文夫。说是他写了两篇小说,请几个老朋友看看,提点意见。

高晓声这趟去南京的时机极好,恢复不久的省文联正缺人手,加上要给他办平反改正手续,就把他留下来了。在南京逗留期间,他与丁保林保持着频繁的书信来往。丁保林手头至今还保留着多封这段时间里高晓声写给他的信。在一九七八年五月九日的信中,高说:"我五月四日又上南京了,以后就大部分时间会在南京了。回家的时候,再来看

222

你吧。我过去的问题,已经彻底平反了,新华日报已有报道,四月份《雨花》上第一、二两篇文章也是,五月份《雨花》上还有,你借了看一看,情况自然就完全清楚了。"在五月二十三日的信中又说:"你不大了解我近来的情况,我实在忙得像一只没头的苍蝇,在南京坐不下来写东西,一回到乡下就赶着写,上次十三号回到(家),本想住两个月,打算到新安来一趟,哪里知道回家仅八天,就来了两封信催我到南京,我只好二十二号回去,本打算过几天再回来,可是,一到南京,就了解到情况不可能。明天要到苏州去接待一位华裔美籍作家,二十九号又要回南京。之后,已商定:《雨花》两位负责同志生病休息,由我代理一阵。好了,我就没有工夫回来了。所以,到你那儿玩的事,只能以后再说。"到了一九七九年的一月十一日的信中,则告诉丁:"《雨花》已决定于二月刊我一篇小说,又《"漏斗户"主》将于季刊《钟山》上发表,大约在第一季度吧。"

《"漏斗户"主》、《李顺大造屋》相继发表之后,受到了广大读者的欢迎,同时,他的复出也受到文坛的广泛关注。文友们觉得，高晓声虽然停笔二十多年，可这二十多年中他在创作上好像没有停止，没有倒退，反而比当"右派"前有了一个大的飞跃。用陆文夫的话说，是"高晓声的文思泉涌了，生活的沉积伴随着思想的火花使得他的作品像井喷，一篇《陈奂生上城》写出了继《阿Q正传》之后江南农民的典型，一时间成了中国文坛上的亮点"。

《陈奂生上城》是《"漏斗户"主》的续篇，发表在《人民文学》一九八〇年二月号上。继《李顺大造屋》获得一九七九年全国优秀短篇小说奖之后，又获得了一九八〇年全国优秀短篇小说奖。与此同时，高晓声把复出后的第一个小说集命名为《79小说集》，表示要由此开始，连续十年，一年出一个新的小说集。丁保林相信高晓声有这个实力，但是，作为老朋友，担心他荣誉越高，名气越大，本已"忙得像一只没头的苍蝇"，恐怕就很难安下心来写小说了。其实高晓声自己，心里也早已有这种隐忧。一九八〇年十二月二十五日，他写信给丁保林，说："我的家现在住在常州市的桃园新村44号204室。

这个地址请你不要宣扬,春节你如有空,请来玩。平时我不大在家。因为在家朋友往来太多,无法工作,不得不躲起来。"而在南京,他还暂时在省文联的办公室栖身,白天更是人来人往,也根本无法有一张平静的书桌。在如何解决这个难题上,他和丁保林可谓心有灵犀一点通:他最佳的写作场所在新安乡的董村,即丁保林的家。

新安乡地处武进县的东北角,与江阴、无锡交界,距常州市约二十公里,与郑陆乡的董墅,也有好多里路。先前,高晓声身体好的时候,逢年过节,尤其是每年三月廿八新安民间的传统集市,他都会带着全家老小到丁保林家来欢聚的。如今进了城,因交通不便,他就很难挤上车到丁保林家来了。他在一九七九年五月九日的信中,一开头就说:"对不起,三月廿八我不曾来,其实我早就知道不能来,因为那一天搭不到汽车的,自己又跑不动,你叫我怎么办!"信末,他又特意问了一句:"你的车子装好没有?"这车子不是如今江南农村已司空见惯的家庭小轿车,而是当时有钱也很难买到的自行车。二十世纪七十年代末,自行车属于城市居民家的"三大件"之一,是凭票供应的紧俏商品。农村人当时是根本买不到自行车的,丁保林只得四处寻觅零配件,设法自己动手装配一辆自行车来骑。早在一月十一日,他在给丁保林的信中就说:"你如有空,盼来玩。车子何时装配出来?快些,我要借用一阵。三角架我买也行。收音机有毛病,打算修理一下。有了它,是方便。"

丁保林告诉我,高晓声在这封信中提到的收音机,就是他送给高晓声的。原先在农村生活的时候,高晓声只顾干活养家,不看书、不看报、不关心天下大事,待平反复出后,就完全变了个人,对国内外形势,尤其是党和国家的方针政策,异乎寻常地有了兴致。如在一九七九年的一月十一日给丁保林的信中,就提到:"人民日报最近有特约评论员写了两篇文章,一篇谈知识分子政策,一篇谈民主问题,你剪下给我带来。"丁保林的厂子里订有《人民日报》,他就等于成了高晓声的义务资料员。等到自行车装配好之后,高晓声就躲到他家写作来了。

一只半导体收音机，让他"秀才不出门，便知天下事"，一辆自行车，让他探亲访友有了代步工具，方便之极。最令他高兴的是，丁保林的妻子玉芳当时没有工作，因烧得一手好菜，就成了他的专职厨师，每天都花样翻新，令他一日三餐都吃得有滋有味，十分舒坦。有一次，高晓声还与玉芳开玩笑，说："别觉得你锡剧唱得好，给我烧饭就屈了才。我在南京，每次到叶至诚家去，都是姚澄亲自掌勺，烧菜给我吃。人家可是省锡剧团的头牌，大艺术家呵！"

高晓声（中）与丁保林夫妇

瘦骨嶙峋的高晓声那时躲到丁保林家写作，每天都得写十六七个小时。有一天，他对丁保林说："啊呀，你们家的凳子太硬了，我一天坐下来，屁股上的骨头都疼。"丁保林就立即到城里去买回一张籐椅，当作他写作的专座。高晓声本就是个"烟鬼"，一写作，烟瘾就更大。丁保林每次从杭州出差归来，总要给他带一两条西湖牌香烟。高晓声还爱喝酒，八十年代，丁保林家每年都要用五十斤糯米做黄酒，专供高晓声来他家写作时喝。可以说，高晓声那些年发表的作品，连续多年出版的小说集，绝大部分都是在他家写成的。如今，不仅那辆自行车、那张籐椅还在，而且，还有好几本小说草稿保存在丁保林董村的老家呢！当我看到高晓声的这些珍贵遗物时，不由得对丁保林生出一种敬意，感慨道："老高那些年优质高产，也有你的一份功劳啊！"老丁笑了笑，说："老高是大知识分子，我只是个崇拜他的小知识分子。他平反复出之后，我只巴望他把失去的岁月统统夺回来，他成就越大、地位越高，我越是为他高兴。我甘愿做他的一块垫脚石。"

亲如骨肉的莫逆之交

高晓声的小说集，从一九七九年到一九八六年，每年一本，连续出了七本。尽管没有实现他许下的连出十本的诺言，但毕竟在中国小说史上创造了一个至今无人逾越的纪录。他对丁保林说："我之所以能在复出后做到优质高产，主要是生活底子厚，对农村熟到不要熟，别人干什么，我干什么。我是写我自己的心。别的作家是浮浮沉沉，我是一沉到底，彻底当了农民。但是一般的农民对自己无审视能力，而我有。所以我写我心，脑子不僵化，情节会自然而然跳出来，写到激动的时候，常常和笔下的人物一起笑、一起流泪……"

丁保林告诉我，由于他和高晓声要好，高晓声常去他厂里找他，就与厂里的好些职工熟悉起来，成了朋友。一次，他给高晓声讲了一件厂里的趣事：有个跛子与一个身体强壮的职工比赛长跑，他在途中偷偷让跛子坐在他自行车的书包架上，搭载着跛子骑了大部分赛程,最后跛子"赢"了对手……高晓声就据此写了一篇万余字的小说《快乐》。其中,生产科长劝跛子搭车的一段话写得很精彩:"什么像不像话,这又不是正式比赛,又不是正式考核,又不拿奖金,又不是和敌人打仗,又不是去完成党和人民交给你的任务。你拼什么命,这是玩!可以打点折扣嘛!"……丁保林说,这段话是高晓声的创作,他就是有高于常人的审视能力,加上叙事能力又强,善于铺陈,能把生活中的一个寻常趣事演绎成一篇有典型意义的小说。

丁保林还告诉我,高晓声的创作态度是极严肃认真的,决不粗制滥造,对自己不满意的作品,决不拿出去发表。有一个写好后曾给他看过的爱情题材的中篇小说,迟迟不见发表,他就问高晓声是什么原因。高回答:"故事情节与别人刚发表的作品有些雷同,我再拿出去发表,就有抄袭之嫌,何苦去惹这个是非呢?"一九八七年之后,有人见他未有小说集出版,就说他"文思枯竭、江郎才尽"了。高晓声听了一点也不气恼,对丁保林说:"我要停下来看一看,思考思考下一步该写什么、怎么写?"

无可否认,到了一九八七年之后,高晓声写得少的原因,也与他的家庭矛盾有关。陆文夫就曾作过这样的分析:"高晓声写出了胸中的块垒之后,开始寻找自己灵魂的归宿,他要重新找回那失去的伊甸园。他在农村里劳动时,曾经第二次结婚。这一次结婚没有什么浪漫了,完全是现实主义的,其中的一个主要的目的就是想传宗接代。高晓声是独子,家中略有房产,如果不结婚,没有儿子,那末,这一房就是绝房。在农村里,'绝后代'是一句很刻毒的骂人的话,'绝房产'是会受人觊觎的。高晓声的父亲,包括高晓声在内,都咽不下这口气,决心为高晓声续弦。找了一个也是第二次结婚、没有文化的农村妇女。一个'右派分子',半个残疾人,还有什么可以挑剔的呢,人家不嫌你是'右派',你也就别管她有没有文化了。何况当年的高晓声是个农民,即使和没有文化的农村妇女一起生活,也会有共同的语言,举凡生儿育女、割麦栽秧,除草施肥,鸡鸭猪羊,蚕桑菜畦……共同的语言是产生于共同的劳动之中的，当时的高晓声已经远离了文学，决不会想到要和一个没有文化的妻子去谈论什么现实主义和浪漫主义。"

丁保林认为陆文夫的这番分析是很对的。高晓声躲到他家写东西的时候，他就察觉到高晓声与钱素贞之间有裂痕了。他曾听高晓声抱怨过钱素贞："我每次回到家，她总是问我又发表了多少小说，从来不问一声我的身体怎么样！"因那时候稿费都是寄到高晓声家里，就都由钱素贞掌管着。有一次，陈奂生的原型高奂生进城去高晓声家借钱，本是同一个村庄的乡亲，钱素贞不仅没有借给他钱，而且连茶都没让他喝一口。高奂生为此很伤心。等高晓声得知后，连忙追出门去，高奂生却已不见踪影了。也是那一年，丁保林的小女儿丁婷应召到一家民企当工人，民企要求新进厂的职工每人交八百元助厂资金。丁保林一时拿不出，就开口向高晓声借。高晓声爽快地答应："明天你进城去找我老婆拿就是了。"丁保林知道高奂生碰壁的先例，就说："你老婆肯借给我吗？"高晓声二话没说，就把袄褂紧紧一夹，冒着寒风去搭车进城。从家里取了钱后，第二天一早又搭头班车赶回董村，把钱交到丁保林手里。丁保林一数，发现是八百零五元，就说："多出了五元钱！"高晓声说："我也没来得及细数，多了就算是你的啦！"在那时，八百元钱就算是一个大数目了。由此，丁保林感到高晓声是个很重乡情、友情的人，与钱素贞之间的文化水平、精神素质差距越来越明显了。

到了八十年代中期，高晓声除了间隔一段时间就躲到丁保林董村的家写十天半个月东西而外，他已经脱离农村，在城里生活了，不仅全家已农转非，他自己的身份也完全回归到高级知识分子，是一个有影响的大作家了。此前，他说"我写陈奂生，既是客观的反映，也有我自己的影子"，甚至说"我写他们，是写我心"。而此时，他决定让农民陈奂生从他的笔下"退休"，他要写作为高级知识分子的高晓声的心了。于是，他一面与钱素贞闹离婚，一面怀念起英年早逝的爱妻邹主平来了。他用自己与邹主平的爱情故事，写了一部长篇小说《青天在上》，表明他一心要想收复那失去的伊甸园,想建造一个他所设想的、有些浪漫的家庭。虽说丁保林早就预感到高晓声与钱素贞迟早会发生一场离婚的风波,但毕竟这是他不情愿看到的事情。丁保林对我说:"两家关系处得实在是太好了,就像是一家人一样。譬如,高晓声夫妇喜欢我的小女儿婷婷,而我和玉芳喜欢他们的小女儿雪英,春节的时候,婷婷就住到他家去过年,而雪英就住到我家来过年。钱素贞也来找过我,说只要老高不同他离婚,老高无论在外面找什么样相好的女人,她都不会管。老高则对我说,他就是要离了婚后名正言顺地再找一个爱人,而且保证,与钱素贞离婚之后,钱素贞和她带过来的两个女儿的生活,他在经济上依然负责到底。我也劝不拢他们俩,只好写信向陆文夫求助。陆文夫给我回了信,说他对老高的离婚风波也是很关注的,正和朋友们一起想办法,劝他不要离。不过,这工作很难做。后来,老高还是答应钱素贞提出的条件,给了五万元钱,离掉了。那时候拿出五万元钱,够高的啦!"

高晓声此后就长住在南京省作协的宿舍楼了，尽管他因身体原因，候鸟似的飞来飞去，但他和丁保林还是保持着密切的来往。他总惦念着家乡，想尽力为乡亲做点好事。有一次，他问丁保林，他与徐州的一家煤矿的老总很熟，想为新安采石厂搞些廉价的优质煤来，然后，可不可由新安采石厂为董墅铺一条可通汽车的石子路？至于对丁保林的三个子女的升学、就业和结婚成家，也一如既往地关怀备至。他在得知丁保林的儿子可成没考进"省常中"，而是进了也是重点中学的前黄中学后，就曾特意写信给保林说："可成考学校，成绩很好，虽然不进省常中，那是因为有一个城乡分数线不同的原因在内。你们不能责难他，要安慰他，要承认他考得好。这样，孩子才会知道父母的心是多么好。也不要为了一定想进什么学校去求人，他能靠自己的努力上去的。"儿子进了前黄中学，丁保林要给儿子的班主任老师送点礼品，高晓声知道了，说："你不要花钱去买什么高档货，班主任不是教语文的吗？我给你两本我签名的小说集，叫可成去送给他，保证比你送高档礼品还让班主任老师高兴!"后来可成大学毕业时,正巧碰上国家不再包分配,丁保林也是托高晓声帮忙,通过省外贸系统的一位处长,让可成进了一家外贸公司。丁保林想给那位处长送点礼表示感谢,高晓声说:"那处长也是个文学爱好者,平时还送烟给我抽呢! 他是我的朋友,也就是你的朋友。朋友帮忙,你用不着破费去送什么礼!"

确实,说起来高晓声与丁保林的朋友交情是够铁的。高晓声南京的家,丁保林夫妇也去过多次。有一次玉芳到南京看病,他俩在高晓声家住了一个多月。遗憾的是,每次去,都没有见到高家新的女主人,还得玉芳下厨为他烧饭做菜。而每当吃上玉芳亲手炒的菜,他就会想起那些年躲在董村发愤写作的日日夜夜……

高晓声一贯自谦不擅长书法,从不为人题字,但他晚年还是为丁保林留下了两幅墨宝:"山深流清泉,岭高昂白头";"愿借千亩沃土地,播种万斛青白子"。这既是他思想品格和人生追求的真情流露,也可看作是他和丁保林深长友谊的可贵结晶。丁保林告诉我,高晓声的父亲一九八六年逝世后,骨灰一直没有安葬。他曾问过高晓声,这是为什么？高回答,将来要与他自己的骨灰葬在一起,并对丁保林说:"这事就托付给你了。"高晓声于一九九九年七月病逝于无锡之

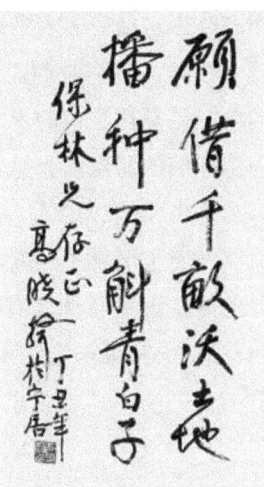

高晓声赠丁保林墨宝

后,省作协由陆文夫主持,为他开了追悼会,并安葬在了南京。丁保林不仅特意赶到南京为高晓声送行,而且,此后也一如既往地与其家人保持着密切的联系,并向其子高其格转达了高晓声生前的遗愿。到二〇〇五年五月,高晓声的骨灰终于由南京迁到武进新安的朝阳公墓,与他父亲合葬在了一起。高其格之所以将其父葬在了新安,显然是考虑

到高晓声对新安有着特殊的感情。去年，丁保林带我去祭扫高晓声墓时，我看到，黑色大理石上镌刻的墓志铭是高晓声的手迹："我敬佩农民的长处，也痛感他们的弱点。"我想，既敬佩高晓声"长处"又痛感高晓声"弱点"的人，在故乡的这片土地上，也许就莫过于丁保林了。高晓声一生有过许多的不幸，但他能在不幸岁月里有丁保林这样一位亲如骨肉的莫逆之交，也算是件令他含笑九泉的幸事了。

二〇一二年十二月二十九日

雁过声犹在

大年初五,有几个朋友在我家聚会,手机多次响起信息的短铃声,我想肯定又都是友人发来的新春祝福,就未顾及一一收看。直到晚间九点钟,将朋友们送出门之后,才发现十余条手机短信中竟埋有一条噩耗:"诗人雷抒雁今晨去世!真会死,死在情人节,做鬼也风流!"

尽管我没觉得这一噩耗来得很突然,但心里还是希望它仅是误传,便立即给发这短信的朋友打电话,进行核实。对方说:"你今天没上网吧?网上已经有许多悼念他的微博了……"我不能不信了,随手就给我女儿打电话:"你雷叔叔今天一早走了……"话刚出口,一串热泪就流了下来。女儿听到了我的哭声,长叹了一声,才劝慰我说:"爸,你不是早有思想准备了吗?别太难过了。"她之所以这样说,是因为二月九日她回家吃年夜饭时,在问到

239

春节都有哪些朋友来家聚会时，我就告诉她，雷抒雁住院了，看来是凶多吉少……

春节前，作家出版社的老同事聚会，临散席时，张胜友才对我讲，听说雷抒雁住院了，想去看望他。回到家后，我就对妻子说起此事。恰好那天她在楼下中国作协老干部活动中心见到了中国诗歌学会名誉会长张同吾，同吾兄告诉她，抒雁确实住院了，但谢绝朋友们去探望，因说话已很困难，医护人员连电话都不让抒雁接听了……由此，我就担心他这次恐是出不了院了。年初二女儿回家来时，又问起抒雁，说："记得我小时候，每年过春节，雷叔叔和你的几个诗友总会到咱们家来聚会的。有年寒假，他女儿还在咱们家住过好多天呢！"我说："是啊，我与他是快四十年的朋友啦！"

我与抒雁相识于一九七四年十月，那年《解放军文艺》发表我的长诗《天安门颂》，李瑛让他亲自来给我送样刊。他说："我刚从宁夏的部队抽调上来，这一期刊物特辟了庆祝新中国成立二十五周年专栏，把你的诗排在首页，编辑部是经过认真研究后定下来的,领导很重视哩!编辑部让我给你送样刊来,就是要我这个新编辑多与作者交朋友,熟悉作者队伍……"我感动地说:"我从学习写诗以来,向报刊投稿不计其数,最初收到退稿时,总是只附一张冷冰冰的铅印退稿信,后来陆续发表过几十首诗,但也从不知责编是谁。这次是第一次给你们《解放军文艺》投稿,没想到稿寄出不久,就接到李瑛同志打来的电话,通知我稿将被采用,还客气地说,'我给你改了几个字,校样就不送来给你看了,行吧?'李瑛是我敬慕已久的著名诗人啊,这么热心地对待我这样的一个年轻作者,真不知怎么感激才好!"抒雁说:"我们部队的诗歌作者,也大多数是读着李瑛的诗成长起来的。我也没有想到,我会有幸到他的手下当编辑。李瑛同志很勤奋,从来不午休。我看见他好些诗都是在别人午休时写出来的。勤奋出天才。我到《解放军文艺》工作之后,在他的影响之下,也不再午休了……"

我比抒雁痴长一岁,由于都是"文革"前入校的大学毕业生,所以第一次见面,就聊得很投机。当时我正借调在文化部艺术局编《战地新歌》和参与全国文艺调演的宣传工作,观摩文艺演出的机会比较多,凡是有富余票的时候,我都会约抒雁一起去看。尤其是内部组织到中国电影资料馆看一些名曰参考、实为批判的"过路片",我也都尽可能地为他找一张入场券。在那"外来的资产阶级文艺"被彻底禁锢的年代,对于在军队从事诗歌编辑与创作的他来说,这无疑是一件求之不得而又大开眼界的事情。待到毛主席关于电影《创业》的批示传达下来之后,我俩见面时,对江青的关于文艺工作的那个《纪要》及她宣扬的一套所谓"三突出"的创作理论,就多有非议了。记得在一九七五年不同寻常的七、八、九月间,我俩几乎每个星期天都要碰一次面,互通"小道消息",私下谈论江青的丑行劣迹,密切关注国家的命运⋯⋯因此我感到,在"四人帮"垮台后,他是文学界最早的觉醒者之一。进入新时期,他联系的作者面也宽广了许多,记得艾青刚回到北京,尚临时安置在北纬饭店,他就约我一起去看望、请教。此外,我俩还一起去拜访过刘宾雁及从外地来京的公刘、周良沛、雁翼等复出的著名诗人。在《小草在歌唱》轰动全国之后，他在文朋诗友面前，也没有显出一丁点儿志得意满，依然亲和如初。最为难忘的是，有一年我俩和人民文学出版社的郭宝臣一起，骑自行车去踏寻荒野里的圆明园遗址，追忆中华民族屈辱的历史，展望改革开放的光明前景……

近四十年来，我与抒雁从未中断过交往。我在作家出版社主持"中国诗库"丛书的出版时，特意把《雷抒雁抒情诗百首》列为打头之作，这不只是出于我俩深厚的友情，更主要的是我坚持认为他是新时期中国诗坛成就斐然的杰出代表，一直冲锋在思想解放和艺术追求的最前沿。有意味的是，我俩是在中国作协同一天办的退休手续。几年前，还有幸与他一起应邀先后到陕西和贵州等地采过风。见他大病后思维依然清晰敏捷、谈吐依然机智风趣，我分外高兴。因此，去年中国诗歌学会换届之前，当得知他在复杂的背景下被确定为会长候选人时，我毅然推迟了原定三月中旬返故乡长住的行程，出席了终于在四月二十五日举行的中国诗歌学会换届

雷抒雁（右二）和石湾二〇〇九年到贵州采风时与水族姑娘在一起

大会，为他当选会长庄重地投上了一票。

近些年在文学界的活动中见到抒雁时，他总问我有没有郭宝臣的消息？在诗歌学会换届大会上，他一见到我，又说："要是宝臣也出席今天的会，老朋友能在这里聚会该有多好呀！"宝臣的女儿和我俩的女儿差不多年纪，儿时三个小姑娘常在一起玩。未料后来宝臣的女儿刚入花样年华,就在洗澡时因煤气中毒而惨遭不幸,加上宝臣在退休前未能评上正高职称,接着又丧妻,所以情绪低落至极,不再参加文学界的活动,据说是隐居到了远郊的亲戚家。换届会圆满结束,我与抒雁告别时,他又说:"我从来不赞成文人相轻。诗歌界也宜聚不宜散。你再设法找找宝臣,有消息就告诉我,年轻时的诗友,还得要多聚聚啊!"

那次会后,曾与郭宝臣合作写过获奖报告文学《命运》的杨匡满答应我,由他来设法与宝臣取得联系,到时约上抒雁,一起来我们居住的楼里聚聚。初冬我从老家回京后,听作家出版社在职的同事说,抒雁正应约在写《陆游传》。我相信,诗人写诗人,一定会写得很精彩。然而,没想到尚未完稿,他就匆匆走了。我想,他赶在情人节远行,未必是去见他心中的"唐琬"。但他确实是个很重情义的风流才子。此刻,耳际又传来他与我诀别时的嘱托:"年轻时的诗友,还得要多聚聚啊!"……

二〇一三年二月十七日

"利令智昏"

今年的春天姗姗来迟,直到过了雨纷纷的清明节,才迎来首个艳阳天。选择一个这样难得的好天气,常州高晓声文学研究会会长陆林森,约我赴上海探望老作家白桦。白桦先生是高晓声文学研究会学术委员会顾问,去年秋天,他本是要到常州参加研究会的成立大会的,但因其老伴王蓓有病而未能成行,只得发来了一封贺信:

> 高晓声是我同辈人,兄弟,又是"丁酉"同科。应该说,在文学上他比我觉醒得早,他在十年浩劫以后就开始腾飞了。他没有浪费自己的岁月。他俨然是一个被蒙着眼睛的智者,思想的花朵能在阴影里开放并孕育出了果实。他始终具有敏锐的头脑和目光,勇敢而直面严酷的历史与现实,以他笔下一系列立体的、鲜

明的、同时代的草根人物的形象和声音,作了
明快的回答。

我觉得,他对高晓声的评价,不仅很准确,很到
位,对研究会的工作具有高度的指导意义,而且,在
某种程度上,也是对与他"'丁酉'同科"的那一批新
时期迅猛复出的知名作家的真实写照。他本人,不
就是一个"始终具有敏锐的头脑和目光,勇敢而直
面严酷的历史与现实"的文坛骁将吗?从年少时看
过电影《山间铃响马帮来》之后,白桦就成了我仰慕
的天才作家。但直到二十世纪七十年代末,我才在
中国青年艺术剧院的大院里,一睹他风流倜傥的丰
采。那时,我妻子参加了他创作的话剧《曙光》的排
演。而在唐山大地震之后,我的家就临时安在青艺
大院的家属宿舍里,与排演场仅十米之距。但那时
我只是一个普通的观众,未与他发生直接的联系。
待我在一九八〇年春调到隶属中国作家协会的《新
观察》杂志工作之后,虽与他没有交谈之缘,但他交
给《新观察》杂志发表的《春天对我如此厚爱》一文,

却引起了一点儿麻烦,使他的命运与杂志社的前景紧紧联系在了一起,令人揪心不已。幸而那场由他的《苦恋》引发的文坛风波,经胡耀邦总书记亲自干预调停,终于得以平息。一九八四年下半年,在我调离《新观察》,参与《中国作家》筹办之时,主编冯牧就向编辑部布置任务,最好很快就能约到白桦的稿子。在第二期上刊发的白桦的中篇小说《绿树·生命·歌舞》,就是冯牧亲自交下,由我担任责任编辑。《绿树·生命·歌舞》的原稿,至今还珍藏在我手边。那天进了白桦家,当陆林森向他介绍我时,没想到他就对我说:"我知道,你是冯牧的部下。"

白桦先生今年已八十又三,记忆力尚如此之好,实令我感到惊喜。在赴沪之前,我曾打电话给上海的女作家石磊,问她最近见过白桦没有,他身体状况如何?石磊告诉我,近些年白桦因患心血管病,已做过两次支架手术。除了右手抖得厉害而外,健康状况尚好,见了老朋友,依然谈笑风生。果然,在我们坐定之后,他就神情焕发地和我们海阔天空地聊了起来。陆林森向白桦先生汇报了高晓声文学研究会的有关情况后,就拿出几张事先裁好尺寸的宣纸,请白桦先生题字。只见白桦摇了摇左手,指着正颤抖的右手对陆说:"今天写不了,你把纸留在这儿吧!"随后,他从身边的茶几上拿过一本书来,递给了陆:"几个老将军邀请我参加书法展,你看看,这本集子里收了我的长卷和好多幅小品。"我凑近前一看,见书法集名叫《军旅书法家邀请展》。未等陆将这个集子翻阅完,他就起身走到书房门的左侧,拿来一幅装裱好的书法作品给我们看,含笑说道:"我参展的几十幅作品,全都被人要走了,就剩这一幅没人要。"我定睛一看,见那斗方上书的四个大字是:"利令智昏"。

近些年来,随着老龄化步伐的加快,习书老年人猛增,各种附庸风雅的书法展层出不穷。而在如今大行其道的书法展上,绝大多数书家写的都是古人(包括毛泽东)的诗词或"厚德载物"、"天道酬勤"、"宁静致远"、"淡泊明志"之类的格言、成语,难得有书家独创的诗词和佳句妙联。似"利令智昏"这样词句,恐是绝无仅有,也只有像白桦先生这样

白桦在书房（二〇一三年四月）

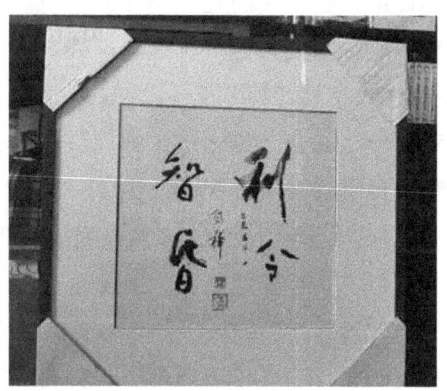

白桦书法：利令智昏

独具风骨的名家才有如此超乎寻常的手笔。

　　"利令智昏"这一成语,出自司马迁《史记·平原君虞卿列传》:"鄙语曰:'利令智昏',平原君贪冯亭邪说,使赵陷长平兵四十余万众,邯郸几亡。"显然,"利令智昏"四个字,不仅是司马迁对平原君和赵成王不能趋利而避害的一声感叹,而且更是史家对事物精准的洞察和对人善良的告诫:一个人如果唯利是图、利欲熏心,往往会头脑膨胀、丧失理智,做出愚蠢的事情来。白桦先生以斗方"利令智昏"参加军旅书法家邀请展,在物欲横流、反腐形势日趋严峻的当今,无疑是深具现实意义的。这四个字,不只是对形形色色的见利忘义、以权谋私者的嘲讽,与此同时,对世人也更是一种善意的警示:只有不见利忘义,才能使自己"始终具有敏锐的头脑和目光,勇敢而直面严酷的历史与现实",做一个品格高尚的真正有益于社会的人。

　　正在我们品赏白桦这一墨宝之际,石磊到了。白桦幽默地向陆林森介绍说:"她是《文学报》的老祖宗。"石磊娇嗔地责怪了白桦一句:"你脑子拎得清伐？我二十多年前在《文学报》的时候，还是个小姑娘，比我年长的编辑、记者多着哩！"白桦笑道："你以为我老糊涂啦？告诉你，别看我现在浑身是病，什么都不行了，可就是脑子还行！"石磊也笑了，对我和陆林森说："我知道他脑子还是很灵的。他手抖并不影响用电脑写作。"她转过来问白桦："你换了几只电脑啦？"

白桦（左）与石湾

白桦回答："五只！"

陆林森颇为惊奇地感慨："像你这般年纪的老作家，还能每天用电脑写作的，恐怕没几个吧？"我说："关键不是能不能用电脑写作，而是已到耄耋之年的作家，还能写出像中篇小说《蓝铃姑娘》和长诗《从秋瑾到林昭》那么震撼人心的作品，真是罕见。

252

用屠岸先生的话说，'《从秋瑾到林昭》所代表的是中国知识分子——中国人的最高良知，是人类灵魂的最终颤动！就这首诗所达到的思想高度和艺术深度而言，它抵达到一个几乎空前的水平。'"在我说到《蓝铃姑娘》在他八十寿辰时在《文学报》上发表后，曾见好几家大刊以头条位置转载时，石磊向他逗乐："那你可发财啦！"没想到他笑道："有七家报刊转载了《蓝铃姑娘》，可是我一分钱稿费也没有收到。"我和石磊为此感到惊讶，并忿忿不平地表示，要帮他向这七家报刊去讨稿费。他却连声说："不必，不必！"我和石磊坚持说这是他的正当收益，一定能讨得到的，他又很认真地摇手表示："算啦，算啦！"……

看他执意不让我和石磊去帮他讨稿费的神情，我的目光不由自主地投向了面前的他那幅墨宝："利令智昏"。我顿然领悟他之所以至今头脑依然敏锐、创作依然旺盛，不就是因为他平素全然不在乎这类私利吗？这幅墨宝仿佛是一面镜子，照出的正是他一颗"先天下之忧而忧，后天下之乐而乐"的赤子之心。

二〇一三年四月二十三日

也说小品文时代

　　已经有很多年在报刊上不见"小品文"这个词了，日前突然在《中国文化报》上读到复兴兄的《小品文时代》，不禁想起三十多年前我在《新观察》杂志编"小品"栏目的情景。

　　小品文作为散文的品种之一，短小灵活，简练隽永，是一种轻便自由的文学形式。在中国盛行于明清。二十世纪二十年代的小品文，则是各式短文的统称，与美文、随笔、杂感、絮语散文大体相当。三十年代前期，小品文盛极一时，多样竞荣，并在文坛出现对立的创作倾向和思想论争。以林语堂先生为代表，推崇晚明小品文，提倡幽默小品文、闲适小品文，把小品文视为个人独抒性灵、消闲自娱的形式。以鲁迅先生为代表，则强调小品文的现实战斗性和审美愉悦感的统一，尤为倡导生活速写、讽刺小品文。《新观察》杂志的"小品"栏目，侧重于讽刺小品文,是在读者心目中最有影响力的一个品牌。筹划复刊之时,主编戈扬反复强调,必须坚持把这个名牌栏目办好。

《新观察》在一九五七年的"反右"运动中是重灾区,当年负责编"小品"栏目,也是小品文写作高手的黄沙和费枝都被打成了右派分子。复刊时,黄沙已不在人世,费枝先生平反改正后回到杂志社任文艺组组长,也许是"一朝被蛇咬,十年怕井绳",他郑重申明:"宁可不当文艺组组长,也不愿再编'小品'这个栏目。"而当时文艺组仅三人,另一位资深编辑许法新,"反右"运动中也挨了整,同样拒编这个栏目。那怎么办?这个任务就只得落在了我这个新编辑的头上。费枝先生对戈扬表态说:"石湾愿意编这个栏目可以,但这个栏目的稿子我不负责二审,直接送你终审定稿。将来如果出了事,一概与我无关!"戈扬爽快地答应了:"好吧,就这么定了,出了事由我一人承当!"

《新观察》的"小品"栏目,除发讽刺性小品文外,还配以漫画和讽刺诗。因我"文革"中下放劳动时曾和华君武、丁聪、江有生、毕克官、缪印堂等漫画家在文化部团泊洼五七干校共过患难，所以，组他们的漫画稿并不难。我又是写诗出身，先前就认识人民日报文艺部专写讽刺诗的曾岛（笔名易和元、天马），因此复刊号用的漫画与讽刺诗，我很快就准备好了，难的是讽刺性小品文不知向何人约稿是好。巧的是有一次去北影厂组稿时碰到了白景晟先生，他曾为苏联电影《列宁在十月》和《列宁在一九一八》中的列宁配音，可谓大名鼎鼎，"文革"中沦为我们干校广播站的广播员，仅是念念干校通知和某某人来校部接长途电话（上千人的干校，仅一部电话）而已。当得知我已调《新观察》当编辑、记者，他很是高兴，说他是《新观察》的老读者，最喜欢的栏目是"小品"。我就说，我正为受命编辑这个栏目犯难呢，能不能请你支持一下，给我们写一篇讽刺性小品文呀？他欣然答应，并很快就给我寄来了他的稿子《不听使唤的电影摄影机》。这篇讽刺新闻纪录片报喜不报忧的小品文，请王乐天配了插图，与天马的讽刺诗《开会忙》及丁聪的漫画《阿Q：

人家的圈儿画得圆!》、江有生的《堂主规定》排成对开两页,就冠以"小品"栏名在一九八〇年七月一日出版的《新观察》复刊号上与读者见面了。

《新观察》复刊号一炮打响之后,讽刺小品文的来稿源源不断,投稿者中既有五十年代的老作者(如白榕),也有刚起步的青年作家(如王梓夫)。但是,这个相当红火并深受读者喜爱的"小品"栏目,从一九八一年第一期开始就突然消失,至一九八四年八月我调离,再也未见其踪影。也就是说,我在《新观察》,只编了半年(十二期)"小品"。其停编的原因,不是缺乏稿源,也不是我撂挑子,更没有惹麻烦出什么事,而是当时《新观察》文艺组人手太少,又仅我一个壮丁,文学作品及文艺评论稿都得管,几乎每晚还都要去观摩戏剧、电影、歌舞、曲艺节目,忙得不亦乐乎。于是,在不断有新人调进编辑部的情况下,费枝先生就主动为我减负,请求主编把由我独当一面的"小品"栏目,划归新组建的政论杂文组。该组组长柳萌和他手下唯一的组员丁正良都曾在一九五七年被打成过右派分子,也不知是他们仍似费枝先生那样心有余悸呢，还是另有重要原因，反正建组之后，就把"小品"这个栏目去掉了。

从调离《新观察》开始，我自己业余写作也渐由诗歌、报告文学转向了散文。但我从未写过讽刺性小品文，也几乎再未在报刊上读到过讽刺性小品文。其实，现实生活中的许多假、丑、恶的社会现象，如复兴兄文中列举的"凤凰古城城门一关就可以开始坐地收钱雁过拔毛为所欲为"、"愿意把古迹拆掉重新建造宋城或唐城"、"一个风尘女一张色情照即可拉下数位高官"……不都是写作讽刺性小品文的好素材吗？与此同时，以讽刺为特质的相声、漫画、戏剧小品也日渐稀少了。因此，我以为在讽刺性小品文几乎绝种的当今，我们所处的恐怕不能称作完整意义上的小品文时代吧？

二〇一三年五月十五日

《青年爱情诗抄》编选前后

前不久,我收到了一则手机短信:"石湾老师,您好! 我是《中国艺术报》的宁静。看到最近您在我们报上发的文章,感到很亲切。多年前是您将我的诗选入《青年爱情诗抄》,我现在出版了自己的诗集,想寄给您指正……"《青年爱情诗抄》是一九八八年四月出版的,屈指算来,她说的"多年前",实际上已经是二十五年前的事了。说实在的,因从未有与宁静谋面的机会,若不是她发短信来,我已想不起她的那首诗了。为此,我就给她打了个电话。方知她原先在《音乐生活报》工作,入选《青年爱情诗抄》的那首诗当初发表在《羊城晚报》上。她说,她快要从副社长的岗位上退下来,等退休之后,就有时间了,她一定前来看望我……

与宁静通话之后,我上网搜索了一下,发现还有马竹、(周)西篱、程宝林、湘竹(刘丽萍)等诗人、作家是把"作品入选《青年爱情诗抄》"写在其创作简历里的。更意想不到的是，一位从事新闻工作的名叫古梁的广东读者，新近在《与诗人莫洛夫》一文中写道："本人很欣赏莫老先生的诗风与人品，可能也是心中那丁点精神家园还在，总之，好的诗句就像某些电影片段，又像是经历或即将经历的生活，总能让你在某个安静的时刻产生涟漪。大学毕业后，看的诗歌就不多了，可能我在努力用另外一种方式与载体在表达着诗的语言。不过始终珍藏着一本百看不厌的诗集，就是二十多年前出版的《青年爱情诗抄》，这次请诗界泰斗莫老先生在书上帮忙题了个字，想不到莫老题字之余还赠我其最近一本作品，非常难得。"二十多年前出版的《青年爱情诗抄》，竟然能成为"一本百看不厌的诗集"让读者珍藏至今，还请台湾最具声望的老诗人洛夫先生在书上题字，这也应是一件"非常难得"的事，令我备感欣慰。

说起《青年爱情诗抄》的编选，当初还有一段波折。那时我在作家出版社任第一编辑室（又称小说编辑室)主任。一编室是作家社当时最大的编辑室,同时推出的"当代小说文库"和"文学新星丛书",社会反响很大,编辑室的伙伴们都热情高涨,干得有声有色。他们大都是"文革"结束恢复高考后最初两届大学中文系的毕业生,热爱文学编辑事业,下班之后,还时常和我聚在一起谈文学,议创作。依据我自身的体验,文学编辑想要提高业务水平,一是要在业余也搞点创作,以取得与作家对话的主动权;二是要多看不同时期、不同流派、不同类型的现当代作品,并加以分析、比较,以增强文学鉴赏力。因此我主张:"要当好一个文学编辑,最理想的人才,应既是编辑家,又是作家和选家。"就这样,在一九八六年年底,我们议出了"市井小说选"和"中国女性作家婚恋小说选"两个新选题,并分别由复旦大学毕业的杨德华和厦门大学毕业的朱卫国来编选。因我是写诗出身,知道武汉大学毕业的张水舟曾参加过《诗刊》社举办的"青春诗会",就想发挥他的特长,与我一起编一本《青年爱情诗抄》,他欣然赞同。未料,当我将这三个新选题向分管副总编汇报时,却碰了钉子。他冷笑了一下,说:"'市井小说选'和'中国女性作家婚恋小说选',都是不错的选题,可两个年轻人,编选得了吗? 再说一编室是小说编辑室,你编《青年爱情诗抄》干什么?"

分管副总编的意见,实际上是把这三个选题给否了。但我仍不甘心。因我在《新观察》和《中国作家》杂志当编辑时,就曾为天津人民出版社、湖南人民出版社和四川文艺出版社编选过四本书,其中《祖国之恋》一书还在一九八六年五月获得了由国家出版局、全国总工会、共青团中央、中宣部出版局颁发的"全国首届优秀青年读物"一等奖。在社委会讨论一九八七年的图书选题会上,我又提出了"市井小说选"、"中国女性作家婚恋小说选"和"青年爱情诗抄"这三个新选题,并强调,不外请专家而尝试着由我们自己来编选,主要是想锻炼队伍,提高年轻编辑的鉴赏力。到时候如果书稿质量达不到出版水平,分管副总编终审时完全可以"毙"掉。如终审能获通过,而新华书店的征订数少,出书要赔钱的话,也可以不付印。再就是,如果能顺利出版并有盈利的话,我们四个人不取分文编选费。这等于是我自立了"军令状",社委会就以微弱多数勉强通过了这三个新选题:"那就让你们先试试看吧!"

开弓没有回头箭。我们几个就下决心争一口气,要把这三本书编选好,尤其是《青年爱情诗抄》,一定要一炮打响。我和水舟商量,市面上所见的《爱情诗选》、《中外爱情诗选》所选的大都是名家名作,我们不能"炒冷饭",而必须着力在"青年"二字上做文章。因此,我们就把青年诗人的年龄,限定在三十五岁以下。不仅诗人的面孔要新,而且作品也要新,只收改革开放以来发表的作品。在初选了一批作品之后,我俩拟了一封征稿信,分头寄给百多位青年诗人,请他们改定初选的作品或自荐三首最得意的爱情诗给我们。如我知道贾平凹是以写诗走上文学道路的,就写信向他约稿,他果真很快就寄来了三首爱情诗。历时半年,《青年爱情诗抄》编选完成,正如我和水舟在《编后记》中所说:"感谢相识与尚未相识的年轻诗友们的热情支持与关切,使我们在较短的时间内，编就了这部《青年爱情诗抄》。这是一只众手编织、采撷而成的爱的花篮。每一首诗，都是一朵散发着独特芳香的爱情之花……如果说，爱情主要是属于人生的青年时代，那么，爱情诗更是青年人爱读爱写的文学样式。因此，这本诗抄筛选了一百位三十五岁以下的青年诗人的二百余首新作，它无疑是新诗潮中的一个横断面。我们的想法是，不论是朦胧派，还是实验派，是现实主义，还是现代主义，提倡变形，抑或反对变形，主情感主意境抑或主直觉主理念，只要内容健康，风格鲜明，构思精湛，艺术独到的，我们都兼收并蓄，各备一格，以满足广大诗歌爱好者和青年朋友们不同层次的审美需求与欣赏习惯。"

那还是计划经济时代，书稿送审通过并签发后，先要在《社科新书目》上刊登内容提要及估价，向全国各地的新华书店征订。出乎意料的是，《青年爱情诗抄》的征订数竟然超过了四万册。但在付印之前，美编室设计的几个封面，不是呆板就是媚俗，难以尽如人意。一天，我到美编室去商讨封面

《青年爱情诗抄》封面

设计的修改方案，不巧美编室主任不在，我在等候他的时候，看到桌上有一本西方美术画册，就饶有兴致地翻阅起来。当看到贝尼尼的一幅雕塑作品时，就觉得若以此图作封面，既有视觉冲击力，又显得很高雅，蓦然有了"踏破铁鞋无觅处，得来全不费工夫"之感。但因反"精神污染"的阴影还在，美编室主任觉得把一对青年男女的裸雕用在封面上是否会招来非议？我说，这是经典美术作品，不会挨批。但为了打消他的顾虑，也为了帮助读者欣赏，我提议在封底上加上了一则《封面美术作品介绍》："太阳神阿波罗爱上了河神的女儿达芙奈，热烈地追求她。达芙奈为了逃避阿波罗的追求，变成了桂树。快速奔跑的男女和身体变为桂树，是典型的绘画主题，处理成雕塑体裁是前无先例的。贝尼尼（意大利）于1622—1625年用一块大理石雕出了奔跑跃动的青春肌体和飘逸潇洒的头发衣服，表现出他深厚的艺术功力。这是一幅完美地表现出巴洛克艺术的共同特征——运动感的作品。"这一新颖、独特的封面设计，为《青年爱情诗抄》增色不少，首印五万册上市不久便销售一空，后加印了两次，在不到两年的时间内，销量就突破了十万册。

在《青年爱情诗抄》、《中国女性作家婚恋小说选》和《市井小说选》相继出版之后，我就调离一编室，去组建以编辑散文、诗歌、报告文学图书为主的第四编辑室。发行部主任对我说："《青年爱情诗抄》发得这么火，你现在编一本续集是名正言顺的事啦！"我当时想，《青年爱情诗抄》尚在热销中，不忙编续集,也许另编一本爱情诗抄更好。于是,就与从《中国妇女》杂志社新调来的女编辑林金荣商量,是否可以与我合编一本《女性爱情诗抄》?她毕业于北京大学中文系,结识不少年轻的女诗人,便欣然同意,以《青年爱情诗抄》的编选模式和流程,仅用三个月,便编就了《女性爱情诗抄》,于一九九〇年三月出版。记得编选《女性爱情诗抄》时,虹影还在复旦大学中文系作家班进修。《女性爱情诗抄》出版之后,她到作家出版社来看我,带给我的礼物是一只青花瓷的烟灰缸。当我说我从来不抽烟时,她笑道:"我见好多老诗人都爱抽烟。知道你先前也写诗,就想当然把您当成烟鬼啦!"虹影成名之后,转为从事小说创作,并去了英国。有年她回国时还特意到我家来看望我。她说,当年把她的三首诗选进《女性爱情诗抄》,对她是一个很大的激励和提携,难以忘怀。

确实,二十世纪八十年代是一个令人难以忘怀的文学时代,在新华书店里最畅销的书籍毫无疑问是青年诗人们的诗集和诗选,热爱诗歌的广大读者,不仅从像《青年爱情诗抄》和《女性爱情诗抄》这样流行的诗集中获取了丰富的精神营养和美好的艺术享受,而且,也还把这类诗集当成了恋人间的定情信物,或馈赠朋友的一种礼品及自己的一份珍藏。但令人忧虑的是,从二十世纪末以来,新诗创作竟跌入低谷,诗集的出版也就一蹶不振,以至于在任何一家新华书店,都已找不到一架新诗集的专柜了。其实,如今写诗的人可能比读诗的人还多,但包括名家在内的几乎所有诗人的新诗集,都是诗人自费出版的,进不了流通领域,到不了诗歌爱好者手里。于是我想,在爱情题材的流行歌曲大行其道的当下,假如有出版社能精心编选一本新世纪的青年爱情诗选集,也许还会受到广大读者的欢迎和喜爱吧?

二〇一三年八月五日

光未然与冼星海

　　几十年前,我曾一度参与歌曲的征集和编选工作,并习写歌词,与多位作曲家有过合作。从那时起,我就认定在中国新音乐史上,词曲作者有两个堪称典范的黄金搭档,那就是田汉与聂耳、光未然与冼星海。余生也晚,直到一九九八年,才有幸与这四位前辈中当时尚健在的光未然有了当面请教的机会。

　　那年年初,经过我的努力争取,张光年同志决定将他的一部即将编就的《光未然诗存》交给作家出版社出版,我应约去他家敲定编辑出版的具体方案。那天光年(他原是中国作家协会党组书记、常务副主席,但我们作协的干部群众,从不叫他的官称,均亲切地直呼其名)神采焕发,很是健谈。在聊了有关《黄河大合唱》诞生经过和他诗歌创作道路上的许多故事之后,他告诉我,这部诗集收入他从三十年代以来的绝大部分作品。他先就如何分卷征询我的意见：是以代表性的作品作卷名，还是以年代作卷名？最后商定，不妨两者兼顾。如首卷叫"黄河卷（三十年代）"。把每卷所收篇目理了一遍之后，我顿生一念：假如在每卷卷首，都能有一张他相应年代的照片该有多好呀！在我向他提出了这一建议时，他兴奋接受之余，转身问夫人黄叶绿："不知我三四十年代的老照片还能找得到吗？"黄叶绿答："你战争年代的照片保存下来的本来就很少，又经历了'文革'抄家……尽力帮你找找试试吧！"未想到我二月十四日下午去他家取编定的书稿时，一见面，黄叶绿就告诉我，她翻箱倒柜，终于大海捞针，找到了一张很小的光年三十年代的老照片。她在把这张珍贵的照片拿给我看时，光年笑容满面地解说："这照片是一九三七年五月在上海远郊大场山海工学团的操场上参加练唱《五月的鲜花》时拍摄的。上千工人、店员、学生冒着犯法的风险参加群众歌咏大会，冼星海、张曙轮流登上方桌，十分严肃热情地指挥大家练唱《五月的鲜花》，群情激奋，斗志昂扬,那场面壮观极了!我就是那天结识星海的。他那天汗流浃背反复不倦地指挥教唱这首歌,我深受感动,至今难忘啊!"

关于光未然与冼星海首次见面的情景,当时刚考入陶行知先生创办的山海工学团艺友师范班的许翰如

一九三七年五月张光年在上海参加练唱《五月的鲜花》

(抗战期间任孩子剧团团长、"文革"前任中国作协秘书长)回忆:"我们山海工学团的东北诗人,任教语文的李雷老师也在人群中听冼星海教唱《五月的鲜花》。李雷老师原就学于北平东北大学,参加过该校一九三六年的演剧活动,与光未然相识为友。在大家自行哼唱休息时,李雷老师突然走到讲台上,向来听教唱歌的群众说明这首歌的来历,并指着台下说:'歌词作者光未然就在这里。'听教歌的

人们并不认识光未然，经李雷老师这一番介绍，大家都不约而同地把目光注视着光未然，几个热情的青年立刻前来把他举到台上，请他讲一讲这首歌词的创作情况。光未然原本没有准备讲话，这时被逼上梁山，也只好说上几句。光未然的讲话受到大家热烈欢迎，由此光未然也结识了冼星海和张曙两位音乐家，成为乐坛的好友和合作者。"（中国作家协会编《回忆张光年》第二三二页，作家出版社二〇一三年十月版）

一九三六年五月三十日，拓荒剧团在汉口维多利亚礼堂公演《国防三部曲》：田汉的《水银灯下》、光未然的《胜利的微笑》、蓝枫（光未然临时化名）的《阿细姑娘》。《五月的鲜花》是独幕剧《阿细姑娘》的序曲，当时是由武昌艺专的教师马丝白谱曲演唱。同年夏天东北大学排演《阿细姑娘》时，因发表这个剧本的刊物上未登曲谱，便请东大的数学教师阎述诗作了曲。阎述诗是从东北流亡到关内来的，曾在北平宣外菜市口，目睹了"一二·九"爱国运动被残酷镇压的情景，以他的切身感受和满腔悲愤谱成的曲调,朴素、亲切、沉痛而坚定,十分打动人心,在北平唱开之后,很快就在各地救亡运动中广泛传唱。因此,那天冼星海和张曙在大场教唱《五月的鲜花》之前,光未然并不知有阎述诗其人,也不会唱阎述诗为之谱曲的这首由他自己作词的歌。

尽管光未然后来一直无缘与阎述诗谋面,但因那天听冼星海教唱由阎述诗谱曲的《五月的鲜花》,却意外地认识了冼星海、张曙这两位"一见如故"的"艺术上的兄长",迎来了一个至关重要的创作机遇。据他回忆,"第二天下午,我应邀到星海的寓所去谈天。他首先向我介绍了他那可亲可敬的妈妈,随后关切地问我的情况。我那时二十三岁,因为在武汉呆不下去了,头年冬天逃到上海,靠零星的稿费和朋友的支援维持生活,也算是亭子间里的小文化人吧。星海比我大八岁。大家知道,他平时是沉默寡言的。这次交谈,他却谈了许多。他谈到了他备尝艰苦的游欧经历,归国后的抱负,也谈到当时不愉快的处境。他鄙弃当时音乐界一些人对西洋音乐的抄袭和模仿。他自豪地说:我是一个东方作曲家,我要创造为人民大众喜爱的有东方民族特色的音乐,为我国的民族解放和东方被压迫民族的解放,献出自己的力量。……临别的时候,他提出要求,说高尔基周年祭辰迫近,要我写一首纪念歌的歌词。我欣然应命,第二天交给他了。这是我们合作的第一支歌曲。"(《张光年文集》第四卷第六十六页)

"八一三"淞沪抗战爆发后,光未然和星海、张曙先后离开上海。一九三八年四月,国共两党第二次合作期间,他们在武汉相聚,都被安排到周恩来领导的军委会政治部第三厅艺术处戏音科工作,并同住在武昌县花林第三厅后楼的一间寝室里。因冼星海忙于领导工人、学生和一些艺术团体的歌咏活动,几乎每天都在武汉三镇奔走,早出晚归。所以,两人只能临睡前交换一些意见,有时即兴长谈,不思睡眠,直到听到隔壁房间敲响墙板,才各自入睡。在每次节日来临之时,冼星海总要催促光未然当晚写出歌词他当夜作曲,第二天过江去教唱。他们有时一同过江去听新歌试唱,一同在青年朋友们的高歌和欢笑中度过一整天，一同踩着夜色回到住地。在朝夕相处的半年时间里，他俩合作了《赞美新中国》、《拓荒歌》等在全国得以广泛传唱的歌曲，并结下了深厚的战斗友谊。

一九三八年十月一日，在八路军武汉办事处的安排下，新婚不久的冼星海偕妻子钱韵玲经过一个月的长途跋涉，于十一月三日中午顺利抵达延安。延安用极大的热情，欢迎这位从法国归来把全国抗日歌咏活动搞得轰轰烈烈的音乐家。当时的延安被称为"歌咏城"，合唱被叫做"全民抗战"，冼星海一边在鲁迅艺术学院进行音乐教学，一边常常被延安各个单位邀请去组织歌咏队，领导"全民抗战"。延安相对平和而又自由的创作环境和新的人生境界让冼星海对音乐创作有了一个深刻内省和升华的过程，又一次萌发出了以民间音乐为基础、参考西洋音乐的先进成果，创造一部中西合璧的民族大合唱的强烈愿望。就在这时，即一九三九年二月，带领抗敌演剧第三队在大西北黄河两岸的敌后游击根据地活动的光未然，行军时不慎坠马摔伤，村村换人抬担架,转送到延安住院治疗。冼星海闻讯后立即前去看望。见面后,光未然激动地谈起大西北雄奇的山川、游击健儿们英勇的身姿,时刻强烈地感动着他,尤其是两次乘木船在壶口渡过黄河时体验到的深深震撼,使他正在心头酝酿着一首篇幅较大的朗诵诗《黄河吟》。冼星海听后十分兴奋,希望他把它写成歌词,与他再来一次合作。

在《冼星海同志回忆录》中,光未然叙述了他把《黄河吟》改写成《黄河大合唱》的情景:"当时我左臂肿胀,行动不灵,躺在病床上,口授给三队胡志涛同志笔录。五天写就后,记得是一个晚上,在西北旅社一间宽敞的窑洞里,请来了星海同志,开了个小小的朗诵会,我把歌词念给他和三队同志听,还谈了写作的动机和意图,作为星海作曲时的参考。他凝神听完后,忽地站起来把歌词一把抓在手上,说:'我有把握把它写好!'大家热烈地鼓掌欢呼,我们的喜悦和感激是不可言喻的了。"(《张光年文集》第四卷第六十八页)

黄河震撼了光未然,光未然的长诗又深深打动了冼星海，使他潜伏许久的创作热情一下子爆发了出来。星海正患感冒，妻子钱韵玲就找来一块木板搁在炕上，让他写作。星海爱吃糖，延安买不到糖果，为了给星海补充热量，光未然特意给他搞来两斤白糖。因三队的演出日子迫近，光未然既希望星海快写，又担心星海的身体，因此每天早上都派田冲（独唱演员）和邬析零（音乐组长、指挥）去小心翼翼地探问星海昨夜的成果。他俩从不空手而归。而虚心的星海，则很关心光未然对每一支曲子的意见。光未然最喜欢的是《黄河船夫曲》、《保卫黄河》、《怒吼吧！黄河》，感到这三首曲子气势磅礴，比预想的要雄伟得多，便马上交给全队练唱。其他的曲子，他和队友提出个别意见，星海总是毫不迟疑地修改，其中《黄河颂》、《黄河怨》两首独唱曲，他们挑剔最多，星海立即推翻重写。《黄河颂》第二稿试唱后，仅希望个别乐句能修改一下，星海却撕掉重写，第三天看到的，竟是一个完全崭新的令他们叹服的第三稿！就这样，三月三十一日，星海以六个昼夜的持续突击，完成了《黄河大合唱》的全部曲调，又经过一个星期，一面参加生产劳动，一面写就了全部伴奏音乐。四月十三日，抗敌演剧队第三队第一次在陕北公学大礼堂演出了《黄河大合唱》，观众上千人。当《怒吼吧，黄河》的尾音落下的一刹那，掌声、叫好声和抗日的口号声，如雷鸣般从大礼堂后面涌向前台，观众沸腾了。

五月十一日，在庆祝"鲁艺"成立一周年的晚会上，《黄河大合唱》在延安北门外中央组织部大礼堂再次公演，以"鲁艺"音乐系学生为主，约五百人参加，由冼星海亲自指挥。毛泽东看后非常喜欢，特

一九三九年冼星海指挥延安鲁艺学员练唱《黄河大合唱》

意单独接见了冼星海,送给他一支派克钢笔和一瓶派克墨水,勉励他说:"希望你为人民创作更多更好的音乐作品。"六月二十六日,为欢迎周恩来回延安,《黄河大合唱》又一次公演,演出结束后,周恩来欣然题词:"为抗战发出怒吼,为大众谱出呼声!"

因在五月十一日前,光未然已经中央决定,带演剧三队离开延安,返回二战区工作,后又到成都继续治疗,所以,未能看到冼星海指挥的那两场《黄河大合唱》非同凡响的演出,直至一九四五年十月三十日冼星海在莫斯科病逝,他也再未有与星海见面和合作的机会。但在光未然眼中,星海是"艺术上的英雄"、"革命中的一员猛将"、"东方的一位杰出的作曲家"、"中国新音乐运动中一面光彩逼人的旗帜",他不禁感叹"一株辉煌的奇葩,凋谢得太早",于一九四六年一月二十五日写下抒情散文《哀星海》,"为中国人民的巨大损失而放声一哭!"(一九四六年二月二十日北平《新星》画报第三期)

一九五五年十月,为纪念冼星海逝世十周年,光未然又在一篇回忆录中写道:"在抗日战争前后,我曾经和冼星海同志合作过十几首歌曲,就是说,用自己粗糙的歌词,帮助激发作曲家的艺术的想象。《黄河大合唱》的歌词,也不是很完美的。但作曲家就在这个基础上,仿佛踏着一个跳板,忽地腾空而起,伸展出他巨大的艺术才能,描画出灿烂的音乐形象,创造出了这样一座壮美的音乐建筑。音乐传达了语言传达不出的崇高情感,把歌词的思想意境提升到不曾料想的高度。"这段文字,无疑是他和星海之所以能结成词曲"黄金搭档"的最好诠释。但是,令他万万没有想到的是,到了"善与恶、美与丑都是颠倒的""文革"岁月,江青之流竟通过《红旗》杂志首先发难,把《黄河大合唱》的歌词诬陷为"大毒草",对他进行了一次又一次的批斗。

一九七五年,适逢冼星海逝世三十周年,星海夫人钱韵玲通过邓小平上书毛主席,要求重演《黄河大合唱》,很快得到毛主席的批复。于是,在周总理支持下,《黄河大合唱》冲破了"四人帮"的阻力,得以于十月二十五日晚,在北京民族文化宫举行的纪念聂耳、冼星海音乐会上,恢复原词演出。当时,我正借调在文化部艺术局工作，那天一进民族宫剧场，看到"人民音乐家聂耳冼星海音乐会"的横标，就觉得不对头。显然，这横标前头是丢了"纪念"二字。心想，演出处的同志怎么闹出这样的笑话呢？但临时改换横标是决不可能了。于是，我只得和另两位同事嘀咕："文化部没文化！"接着，演出开始前，主持人宣布，邓颖超同志给李德伦（中央乐团负责人）打来电话，说周总理虽因病不能亲自前来观看演出，但他正在电视机前收看晚会的实况转播，并对音乐会的举行表示由衷的祝贺。就在全场观众为此报以经久不息的掌声之时，唯有已入座的江青不鼓掌，从手包里掏出一把梳子，不以为然地搔首弄姿。而在全场观众抬起双手为严良堃（星海的学生）指挥中央乐团演出《黄河大合唱》获得成功而热烈鼓掌时，我和几个年轻同事都留意到，我们仰慕已久的光未然，作为词作者和星海的战友，却双手低垂，不动任何声色……时隔二十三年之后，在我如约去光年家谈《光未然诗存》书稿的那一天，一见面，当他问起"我们见过面吧"时，我就说："第一次见到您是一九七五年在民族文化宫剧场,那时您属于'半解放'状态,整您的江青在场,我们几个爱写诗和歌词的朋友,都为您捏着一把冷汗呢!"

光年随即告诉我,那场为纪念聂耳逝世四十周年、冼星海逝世三十周年而举行的音乐会,就是江青从中作梗,硬要文化部砍掉"纪念"二字,才致使剧场横标成了令人大惑不解的"人民音乐家聂耳冼星海音乐会"。还说到"四人帮"粉碎之后,李德伦才告诉他,江青曾指令中央乐团将《黄河大合唱》的歌词从头到尾改写一遍。李德伦奉命带一个小组干这件苦差使。改完了,也开始练唱了,李德伦心里仍在打鼓,想这件事无论如何得报告周总理。于是就托人抄出一个大本子,一边是原词,一边是改填的新词,亲自送去。周总理皱着眉头翻阅,翻到他熟悉的《保卫黄河》,生气地说:"'风在吼,马在叫'有什么不好?为什么一定要改成'红旗飘,军号响'?要改,也得原作者自己来改嘛!"李德伦回报:"光未然在湖北咸宁的文化部干校劳动。"周总理说:"可以让他回来嘛!"周总理说这话时,光年还在经受江青、康生主持的"中央专案组"的审查、批斗呢，直到一九七五年六月，才由这个专案组宣布解放。因此，那天他临时得到通知，以《黄河大合唱》词作者身份出席音乐会，见到久未露面的乌兰夫、谭震林、王震、谷牧等老同志出现在观众席上聆听《黄河大合唱》，露出会心的笑容，他心里很是快慰，但毕竟自己还是个审查对象，被江青视为眼中钉，怎敢在那样的场合喜形于色呢？

那天，黄叶绿还说到，"文革"时好些"革命小将"，只知道江青树的所谓样板作品《黄河》，压根儿不晓得《黄河大合唱》是传唱了几十年的经典作品。待到《黄河大合唱》重见天日之后，还有小青年疑惑地问："《黄河》不是钢琴协奏曲吗？哪来的光未然又填上词当作歌曲唱起来了呢？"当听夫人说罢这则"文革"轶话，光年笑了，说："星海和我是最亲密的战友，合作完成《黄河大合唱》是我一生中最大的荣幸！"那一刻，我看到他布满沧桑印痕的脸庞溢起了灿然之光。

二〇一三年十二月二十一日

失眠及应对下联

昨天（二月十二日）读《文汇报》"笔会"副刊上严修先生的《失眠时的文字游戏》，饶有兴味，真是一篇不可多得的妙文。我也是个爱失眠之人，尽管临睡前照例服了一粒安眠药，但因严修在文中自拟了一副"田汉在田间，一盼苗得雨，二盼牛得草"上联，他未能应对下联，我就想试试能否想出下联来。我有较深的印象，二三十年前央视春晚曾发布过这样一副获一等奖的征联：以"金山林里马识途"应对"碧野田间牛得草"。我想，严修的上联"田汉在田间，一盼苗得雨，二盼牛得草"，或许就是由"碧野田间牛得草"演变而来，但因增加了一个知名人物后，确实如他所说："四个人不但名字的含义要有内在联系，而且在形式上，前两人须单名，还要同姓，后两人须双名，其中有一字还要相同，条件相当严苛。"我想啊想，就怎么也睡不着了。

据我所知，大凡舞文弄墨之人，十有八九时常失眠。在我认识的前辈作家中，郭小川就是失眠最为厉害的一个。一九七六年十月十六日，他得到"四人帮"被粉碎的特大喜讯后离开林县，焦急地等待中组部的回京通知，途中下榻安阳某招待所，激动不已，却无处诉说，吃了过量的安眠药，又点着烟卷，未料烟头引燃被褥，终使其在浓烟中窒息而亡，令人痛惜不已。我在大学时代喜爱写诗，集体宿舍晚间十时即统一熄灯。我当时所作二三十行的短诗，几乎都是在失眠时打的腹稿。走上工作岗位之后，读书、写作主要是在晚间，失眠也就日渐严重。但怕第二天上班不能早起，一直不敢吃安眠药。十年前退休之后，早晨就可睡懒觉了，遂变得就寝越拖越晚，失眠的困扰也就愈演愈烈，不得不开吃安眠药了。诗人匡满与我同住一楼，他说他服安眠药已有几十年历史，每天雷打不动吃两粒舒乐安定片，并无见有什么后遗症。笑我一天只服一粒舒乐安定片，在失眠的文人队伍里，根本排不上号。

　　其实，我现在有时一晚吃一粒舒乐安定片已不顶用了。昨晚约十二点半吃一粒舒乐安定片躺下后，又想起白天所读严修先生的文章，尤其是那副上联中三位作家的名字在我脑海里不停地闪现，就无法入眠。先是田汉，令我想起在南京大学读书时，我是校话剧团成员和文学社负责人，曾观看过省话剧团由田野主演的其父田汉编剧的《文成公主》，并请扮演松赞干布的张辉来校辅导并表演过诗朗诵，而张辉正是田汉的女婿，因在电影《家》里扮演风流倜傥的三少爷觉慧和《铁窗烈火》里的青年共产党员张少华而名扬全国。但等我见到田汉时已是"文革"狂飙卷起之初，他在中国文联大楼前坐"喷气式飞机"惨遭红卫兵批斗……我与诗人田间则幸有一面之识，那是"文革"后期，我与几个戏剧界的同行，到石家庄观摩、座谈一出新戏，座谈会上田间（河北省文艺组党组书记兼组长）得知我们会后有小面包车回京，他就说要搭车回京探家。一路上，我们聊了不少有关诗歌的话题。记得我们一直把他送到什刹海附近的家门口，临别时他说以后若有机会，希望我到他家去喝茶聊天。可是，因他

"文革"结束后未能调回中国作家协会工作,直到他一九八五年病逝,我也就未能再见到他。我与苗得雨,印象中见过两次,头一次是一九八四年末,在第四次作代会上,我作为《中国作家》的驻会记者,到山东团去组稿,另一次是九十年代,我到济南去出席一个作家的作品研讨会。其时,他儿子苗长水已在文坛崭露头角。正是由苗得雨、苗长水使我联想到现当代的父子作家,才使我打开了为"田汉在田间,一盼苗得雨,二盼牛得草"应对下联的思路。

古往今来,父子或父女同为作家、诗人的不是很多,我先想到的是顾工、顾城父子,觉得以"顾工进顾城"应对"田汉在田间"也还妥帖,但后两个名字,想着想着就卡了壳。后来,我在顾城的"城"字上动心思,很自然就联想到我为其编第一本书《棋王》的作家阿城。姓"阿"的名人极少,因我早年曾在戏曲界混饭,就立马想到了导演过《红灯记》的艺术大师阿甲。阿甲与我是同乡,去年我回武进老家小住时,还曾想去寻访他的故居。由阿甲,就顺藤摸瓜,想到了当代京剧头牌小生叶少兰和著名剧作家马少波。马少波从山东解放区进城后曾任中国京剧院党委书记兼副院长（院长梅兰芳），与阿甲和叶少兰之父叶盛兰共事多年，阿甲与叶少兰、马少波自然经常晤面。再则，联合国会员国的旗帜是按英文字母顺序排列，A打头，首先是首字为"阿"的国家，即阿富汗。由此，我想在中国"阿城"不妨亦可喻义为"首都"。这样，终于应对出了不仅符合形式，而且四个名字的含义亦有内在联系的下联，全联即构建为：

田汉在田间，一盼苗得雨，二盼牛得草；
阿甲进阿城，七晤叶少兰，八晤马少波。

二〇一四年二月十三日

《反思郭沫若》的意外遭遇

据三月十日《中华读书报》载,徐庆全在《茅盾"尴尬"的标本意义:革命与知识分子改造》(即为商昌宝《茅盾先生晚年》所写的序)中写道:"一九九〇年代末,丁东兄曾热衷于对郭沫若现象的研究,编辑出版过《反思郭沫若》一书。他跟我说,希望用这样方式来引发人们对像郭沫若这样的文人现象的研究。书出版以后,也的确引起人们的关注。昌宝这本写茅盾晚年的书,研究的也是'茅盾现象'而不是茅盾本人,出发点也大致与丁东相似。其实,郭沫若现象也好,茅盾现象也罢,都凸显了二十世纪中国左翼知识分子历史的几个最重要的命题:革命与知识分子,革命与人性改造,革命与革命队伍内部的斗争,革命政治的惩戒机制和知识分子的关系,等等。我想,若把这两本书放在一起读,有助于读者对这几个命题作更深入的思考。"不难看出,徐

《反思郭沫若》封面

庆全先生对《反思郭沫若》一书的编辑出版是持肯定态度的，这令我甚感宽慰。由此，也不禁使我回想起当年为出版此书而被迫作检查的一段往事。

《反思郭沫若》出版于一九九八年十二月，首印六千册，发行情况比预想要好，责任编辑唐晓渡提议加印数千册，我作为终审此书的副总编辑，在征询发行部的意见后，签署了同意加印的意见。未料就在此时，此书意外地"出事"了：中国作家协会党组的某位领导同志在一次会议上公开点名批评了这本书，并责令作家出版社立即停发。

其实，在此之前，中国作家协会党组、书记处的成员们都没有看过《反思郭沫若》这本书。一九九九年六月中旬，一位党组成员，向中国作协报刊社联络小组送了一份题为《如此评价郭沫若,公道吗?》(署名"王乾荣")的材料,他在这份材料上端说明:"一位老同志给我一份剪报(一九九八年五月十八日《中国青年报》)材料,要我转给作协领导,特送上,请参阅。"此件现照抄如下:

近日读了一本名叫《反思郭沫若》的书,真长了不少见识。

书中一篇文章如此分析郭沫若人生悲剧的"典型意义":在政治领域,郭沫若"成为台前木偶";在文学上,他"退化"成"文学弄臣"。"郭氏虽为1949年以后的'第一文人',实际上仍是'倡优畜之'——班头,不过是戏子的头儿罢了。"他"骨子里依然是奴隶,奴隶必然忍受不了没有主人的日子,旧主人刚死,他又开始寻觅新主人"——又寻了个"庸主"。文章给郭沫若的革命者身份打上引号,说"他除了悍卫自己的利益外,没有捍卫过别的什么"。总之,"他的人,他的书,留下的仅仅是一道前车之辙"……

如此评价郭沫若真令人毛骨悚然，不寒而栗。我不知道，这种"反思"和一棍子打死有什么两样。在"文革"和别的一些"特殊时期"，别的知识分子的软弱、颓唐，说违心话、办违心事，甚至对友人落井下石或诬陷好人，都不断被人找出种种堂皇理由说成是形势使然；惟独郭沫若，他至少没有害人，就因为他"经历和地位的特殊"，他的人和书，便都一无是处！这样说公道吗？

……

当时，作协报刊社联络小组由一位党组副书记、一位党组成员和一位书记处书记组成，最先看到此件的党组成员于六月十五日签署"请××（即党组副书记）同志阅示"。六月二十一日，党组副书记"阅示"："请××（即书记处书记）同志阅，对郭沫若不进行一分为二的公正分析，是不公平的，××复印的这份材料，提出了一些重要问题，值得重视。"

书记处书记于六月二十三日签署的意见是："复印给各报刊社，在评价历史人物时务请注意。"正因为如此，我手头至今还存有这份材料的复印件。

　　事隔十五年后，我重看这份材料的复印件，觉得这确实是一份材料，而非"一份剪报"。首先引起我不解的是，《反思郭沫若》分明是一九九八年十二月出版发行的，《中国青年报》怎会提前半年，在一九九八年五月十八日刊出批评《反思郭沫若》一书的文章呢？其次，如是剪报，"中国青年报"报名应是毛主席手迹，而非普通印刷字体，也不应加有书名号；再就是既然为剪报，文中就不可能将"捍卫"错印成"悍卫"、将"不寒而栗"错印成"不寒而粟"。日前，我到首都图书馆查阅了《中国青年报》，才弄清，王乾荣先生的文章是一九九九年五月十八日发表的，标题为《读贬郭　长见识》。原文比《如此评价郭沫若，公道吗？》要多好几百个字。显然，这是一份摘编的材料，八成是出自那位"老同志"的"秘书"之手，可能此"秘书"文化水平有限，在一份简短的材料里，竟出了两个明显的错字！

众所周知，"老同志"即已离退休的高官之谓也。交这份材料的老同志，当时肯定仍是有声威的，才使作协的几位领导立即在材料上做出批示，并责令作家出版社就此向作协党组、书记处递交书面检查报告。

在出版社，但凡有所出图书挨主管部门批评，首当其冲的总是负责终审该书的副总编辑。作协领导的指示一下达，社内社外的人都来找这本书，一看书里还收有我写的一篇长达万字的《郭沫若与陈明远》，就纷纷议论我这回"摊上大事儿"了。

但是，在我看了几位作协领导批示的那个复印件后，并没有觉得出版《反思郭沫若》有什么错。这是因为，丁东先生在编后记中，早就申明："这本书的宗旨，不是全面评价郭沫若的学术成就和艺术成就，也不是全面估价郭沫若的文化贡献和历史地位。仅仅是对以前国内出版的各种研究、评价郭沫若的书籍作一次拾遗补缺。因此，本书编选的基本上都是反思郭沫若的悲剧和弱点、对郭沫若进行学术商榷的文章，赞扬郭沫若成就的文字本书基本上没有收入。实际上,对郭老歌功颂德的文章要远远多于反思郭老的文章。我不否认这类文章的价值,但这种文章和书籍已经出得很多了,在书店和图书馆也比较容易找到,我再选似有重复之嫌。再则,如果追求平衡,书势必太厚,定价太高,就增加了读者购买的负担。所以我索性只收一面之词,不求完整了。"

《反思郭沫若》共收入四十二篇文章,除个别篇目外,均公开发表或出版过。其实,搜罗到这么多文章,还要一一征询原作者的意见并取得他们的授权,编成一本颇有学术价值的书,是件很吃重的事。唐晓渡将书稿递交给我时说,其中有一篇《郭沫若与陈明远》,是摘自你的报告文学《无花果》,正好是你终审,丁东说请你看看他摘得是否合适?《无花果》原文有三万字,一九八六年在《青年文学》发表后,《新华文摘》曾全文转载,对郭沫若无任何贬词。我觉得丁东删节得很好,就一字未动,同意收入《反思郭沫若》。应该说,所收的四十二篇文章,在反思郭沫若的悲剧和弱点时,大都是心平气和地摆事实、讲道理，较为客观公允，观点甚为偏激的一面之词，充其量也就三两篇而已。我想，依据"百花齐放，百家争鸣"的方针，公开出版此书，应该是有益于推动对郭沫若的深入研究，就签发了。签发时，为消除某些一面之词可能会对郭沫若引起的负面效应，特意精选了八幅郭沫若的照片，以道林纸印刷，插在正文之前。除最后一幅《郭沫若在"文革"中》是单人照外，前七幅，都是郭沫若在不同历史时期分别与周恩来、毛泽东、朱德、邓小平、宋庆龄、彭真、邓颖超等党和国家领导人的合影。另外，还在此书的前勒口上，印上了一段表明编者和出版者初衷的文字：

　　一代文豪郭沫若在身后留下巨大的精神财富，也留下了巨大的反思空间。本书收录了近二十年来国内外学者、作家的数十篇有关文章，对郭沫若，尤其是晚年郭沫若蕴含着紧张矛盾的思想、心境和人格及其成因，进行了不同角度、不拘一格的描述、分析和反思，在凸显出一个更加复杂、立体的郭沫若的同时，多层次折射出现代中国知识分子的文化境遇和悲剧品格。

此书出版后，绝大多数读者对此是认同的。如资深翻译家、北京大学魏荒弩教授一九九九年四月十一日所写《读〈反思郭沫若〉》一文，开头就说："近读《反思郭沫若》一书，令人感慨万端。诚如编者所说，郭老一生既为我们留下了巨大的精神财富，又在身后留下了巨大的反思空间。"接着，他写道："抚今追昔，我忽然想起六十二年前的一件往事。'七七事变'后，抗战爆发，郭沫若毅然'别妇抛雏'，秘密返回祖国，在上海受到田汉等进步人士的热烈欢迎。当时蒋介石闻讯，公然捐弃前嫌，召赴南京接见。第二天见报，不料他对记者说出这样的话：'想不到委员长的手还是那么温暖！'当时我还是一个血气方刚年不满二十岁的小青年。我和我的同学们一看报就炸了，大叫'郭沫若太没骨气！'……回顾前尘往事，我认为郭老逃离日本，光明磊落，大节不亏。至于重庆时期，他作为‘文化界的班头’（周恩来语），在共产党的领导下，既参加了与国民党面对面的斗争，又‘以笔代枪’写出了一篇篇有影响的史剧和史论，应该说，这是郭沫若终其一生业绩最为辉煌的一页。至于他的晚年，则是在忧谗畏讥中度过，以失去自我而告终。最终，也没有找回自己的独立意志。"（《美文》二〇〇〇年第七期）《反思郭沫若》激发老教授写的这篇美文，多精彩、也多有历史价值呀！

　　然而，自称"文化圈外人"的王乾荣先生，在读了《反思郭沫若》一书后，却只是逮住其中一篇文章（《王府花园中的郭沫若》）的某些观点，就以攻其一点、不及其余的手法，断定此书是要把郭沫若"一棍子打死"。好事之徒随后又以摘编成题为《如此评价郭沫若，公道吗？》的材料，上报给某"老同志"，再转送给中国作协的领导，中国作协的领导不认真查阅《中国青年报》上王乾荣的原文和《反思郭沫若》，就给此书下"对郭沫若不进行一分为二的公正分析，是不公平的"的结论，并责令终止发行，岂不也给人以要将此书"一棍子打死"的感觉吗？

无疑，当时见到这个批件的复印件，我的情绪是抵触的。《王府花园中的郭沫若》一文原载中华工商联合出版社一九九八年九月出版的《铁屋中的呐喊》，这在《反思郭沫若》二八五页上是注明了的。为什么"棍子"不先去打中华工商联合出版社、封杀《铁屋中的呐喊》，而偏要让作家出版社来挨这一"棍子"呢？但是，领导的指示（何况还有"老同志"的背景），是不可违抗的，只能委曲求全。按理说，检查报告应该由我来执笔起草，但我实在觉得无法给自己开刀，就借故拖延。社长眼看无法向作协交差，就去找责编唐晓渡起草。结果晓渡的态度十分强硬，反问道："你觉得《反思郭沫若》是给出版社争脸了还是丢份了？"社长说："不管是争脸还是丢份，不写检查认错的话，作协已布置人在写批评文章了。"晓渡说："既然如此，让他们批就是了。我们保留反批评的权利！"社长见与晓渡实在谈不拢，就说，看来只能用"经济手段"来解决了。据社长后来透露，他的"经济手段"是不得已向作协某领导摊牌:"如果你们组织批评文章的话,我们出版社就有可能遭停业整顿的处分,那今年我们出版社也就不能向作协上交管理费了。到时你们发不出年终奖金,可别怪我们。"此"经济手段"还真奏效,批判《反思郭沫若》的文章未得出笼,此事也就不了了之。

光阴荏苒,当年中国作协党组、书记处与此事有关联的几位领导,进入新世纪后都已先后退休,也成为"老同志"了。不知他们如果能看到徐庆全先生这篇又给以《反思郭沫若》肯定评价的文章,或见到《茅盾先生晚年》一书的出版,是否会对当年身处高位时的批评《反思郭沫若》之举有所反思呢?

二〇一四年三月十三日

杨苡：爱做梦的青青者

自我前些年在故乡翻盖了三间平房，春秋两季常回老家小住之后，就每年必专程从常州乡下连倒几回公交、高铁、地铁，到南京去看望杨苡先生。但在去年秋天应邀赴宁看一个老同学的画展时，因中午朋友们聚餐耗时过长，怕赶不上回村的末班公交车，就未能去看望杨苡先生，心里深感愧疚。今年年初，南京的一位文友发短信给我："杨苡先生在上海出了一本新书，非常棒！"十多年前，我还在作家出版社任职，当时就筹划着好好给杨先生出一个散文集，大体就绪之时，杨先生说，李小林提议，书还是在上海出好些，并讲已与文汇出版社总编辑萧关鸿先生谈妥。因萧是我早就认识的同行朋友，我也就尊重了杨先生的抉择。我在收到南京文友的短信之后，心想《文汇读书周报》上必有杨苡先生这本新书的报道，就急忙就近去首都图书馆查阅。果然在二〇一三年十二月二十六日的《文汇读书周报》上，刊有杨苡先生的《梦回武康路》。出乎意料的是，编者竟注明，她这本名叫《青青者忆》的新书是由复旦大学出版社出版的。一是因为急切想见到《青青者忆》，二是想到杨苡先生生于一九一九年九月十二日，我就决意要赶在她九十五岁生日前，即春天回乡小住时抽空去南京看望她老人家。

一路赶车顺利，四月二十九日上午九时五十分，我就进了杨苡先生像老照片陈列馆一样的客厅兼书房，比以往几次早到了十多分钟。我刚在沙发上坐定，她就很高兴地把《青青者忆》赠给了我。我打开书，见扉页上的题字是："石湾老友闲读并请指正。杨苡 2014 年春节。"她说："我想你这个春天一定会来，早就把这本送你的书准备好了。你先看一下代跋《梦回武康路》吧！"我说："我已在报上读到了。前年我来看你时，你说又梦见了巴金先生，准备继《梦萧珊》、《梦李林》之后，再写一篇《梦巴金》。这篇《梦回武康路》，就是原定要写的《梦巴金》吗？"她连忙解释："不是的，《梦巴金》我还要写，应该写得像《梦萧珊》那样的篇幅吧。一九九七年我最后一次去看望巴先生，他嘱咐我'多写'。还说过'你应该写写我三哥，你肯定比我写得好'。二○○三年，我就写了《梦李林》。"说罢，她就站起来，指着书柜里的一张镶着镜框的照片说："你看，仅存的一张李先生的小照片放大了。每天，好像他总是这样抱着双臂站在这里望着我……"

杨苡先生原名静如，出生于天津日租界花园街（今山东路）八号的大公馆内，其父杨毓璋（一八七二——一九二○）曾是天津中国银行行长。一九二七年至一九三七年间，她和姐姐敏如就读于天津中西女校附小及中学

十七岁时的杨苡

部。这是一所外国教会学校。一九三五年"一二·九"运动时，她见好些好朋友都参加了游行，而她家

却不许孩子们参加游行,心中非常之苦闷,就像寻找指路灯一样,给她所敬仰的小说《家》的作者巴金写信,倾吐对封建制度的憎恨,和她所有的苦闷、寂寞、孤独及对自由的渴望。巴金很快给她回了信,过了两年还告诉她,他哥哥李尧林(即李林)在天津南开中学教英文,她可以与他通信。杨苡和李林通信后见面,彼此相处了非常愉快、美好的五个月,结下了"永恒的友情"。

杨先生告诉我,可惜好多珍贵的照片都在"文革"初期烧掉了,其中,不仅有李林的,而且还有一张美国大明星瑙玛·希拉的亲笔签名照。像如今十六岁的花季女孩一样,当年她也是个"追星族",曾大着胆子给当时红极一时的性感女神瑙玛·希拉写了一封信。没多久,收到一张至少六寸大的黑白照片,下边还用派克蓝墨水笔签上"Sincerely yours, Norma Shearer"。为了看是真的签名还是印上去的,她当时还用手指头沾沾口水去轻抹了一下字尾,结果证明确实是真的签名。

瑙玛·希拉的签名照,在"文革"年代属"崇洋媚外的黑货"，烧掉不足为怪，但李林的照片为什么也会烧掉呢？我颇为不解。杨先生这才第一次对我说起，她在"文革"中也曾遭受过冲击。她回忆："我是南京师范学院外文系的一个普通教员，不是'走资本主义道路的当权派'，年轻时也没有在国民党政府里干过事，照例'文革'中是不会遭到冲击的。但是巴金名气大呀，被张春桥、姚文元打成了'黑老K'，我不是从十七岁就与巴金通信了吗？造反派贴出了许多大字报，一次次批斗我，羞辱我，追查我与巴金究竟是什么关系，那话说得可难听啦！反正我到现在也说不出口。你的老师赵瑞蕻当然害怕啦，生怕红卫兵来抄家，就把我收藏的一些老照片悄悄烧掉了。"

赵瑞蕻先生是她已故的丈夫。我一九五九年考入南京大学历史系时，他在中文系任教，虽没有给我授过课，但他当时是江苏省作协诗歌散文组组长，为提携我，常常带我去列席省作协诗歌散文组的双周沙龙。我和学校文学社的几个诗友，多次带着自己的习作去赵先生家，向他请教。也就是那个时候,我认识了《呼啸山庄》的译者杨苡先生,屈指算来,五十多年过去了。因此,如今就被她当作"老友"了。但在南大读书时,我并不知道她与巴金一家深长的情谊。直到一九八六年,在《人民文学》上读到她的《梦萧珊》,才知道她和巴金夫人萧珊(陈蕴珍)是西南联大时无话不谈的室友。在那篇美文中,她回忆了已经烧去的六张萧珊的照片,叙述她俩从二十世纪三十年代末直至六十年代的交往,文字极富画面感,真切动人。

看罢李林先生的照片,杨先生又指着书柜下方的一张照片说:"我现在都有重孙啦!你看,他右边的是我的孙子。他左边的这张婴儿照,你肯定猜不出是谁。呵呵,就是我。是在我爸爸脱孝之后拍的,不到两周岁。可当时的情景,我还有印象。我记数字不行,说是哪年哪月哪一天拍的,记不得了。就像有一年我在北京的时候,你去小金丝胡同看望我哥哥,你临走的时候我哥哥拄着拐杖送你出门,你回头看他的神情,我还记得,仿佛就在眼前……"

她最崇拜哥哥杨宪益,用她的话说:"我从小就什么都听他的,是他的忠实'粉丝'。"在她的客厅兼书房里,除陈列有杨宪益的大幅照片、画像和条幅外,只有四位男性的大幅照片:赵瑞蕻、沈从文、巴金、李林。其中,数巴金的一张最大,镶在镜框里,挂在面对沙发的墙上,最为引人注目。人常说"日有所思,夜有所梦",我想,杨先生之所以自称是"一个爱做梦的人",就因为白天这些老照片上的至亲故友每每与她对视,所以,夜晚走入她的梦境就成了她的一种独特的生活体悟和精神盛宴了。这也就难怪收入《青青者忆》的十七篇文章中,竟然有七个标题带有"梦"字!

她写于一九九八年的《碎梦难拾》是这样开头的:"'有梦的人是幸福的。'半个世纪之前,敬爱的巴金先生在一封信中曾说过这句话。六十二年前他也曾用他那倾泻感情的笔叙述过他奇异的梦。"文中,她还写到"和先生通信不是梦,只是一个傻乎乎的说梦的人找到一个能耐心听她说梦的收信人。但这又太像梦,好长好长的梦中道路!半个世纪过去了,那些有形的和无形的硝烟。六十年过去了,

巴金（左）与杨苡

二〇一四年四月二十九日杨苡先生与石湾合影

曾笑对先生说：真是六十年一梦，那时我才十七岁。"代跋《梦回武康路》写于二〇一三年九月，也就是说，她这本列入"研究巴金丛书"的《青青者忆》，就是她从十七岁做到九十四岁的一个献给巴金先生的"好长好长的梦"。

一个年过九旬的人，有这样的长梦可追忆，当然是幸福的。最值得杨苡先生感到幸福以致骄傲的，是由她珍藏下来的巴金写给她的信竟达六十七封之多。二〇一〇年一月，《雪泥集：巴金致杨苡书简劫余全编》由上海远东出版社出版，在巴金给同一收信人的信件中，这是迄今为止保存最为完整的。"九叶派"诗人辛笛在再版序言中曾热情称赞："这些信简能在今天流传下来，实在太珍贵了。就中更可以看到巴金先生向往光明的坦荡心怀，他在任何时候都是鼓励人前进，要永远怀着一颗不畏艰难、乐观向上的心，这就富有非同寻常的历史性意义。"而《青青者忆》这个书名，又恰好是辛笛题写的。杨苡先生在此书的《前记》一开头就写："《青青者忆》取这个书名的是我们的辛笛大哥。他仿佛又笑眯眯地站在我面前,用他那特有的沙哑的男高音对我说:'静如,我送你这个书名,本来是我自己要用的,还是送给你吧,也算送给老巴!还是早点把这本书弄出来好!'"可惜这本书出版时,辛笛先生已经离去有近十年了。他何意称杨苡为"青青者"呢?在像红色缎带一样的书的腰封上,我看到一行竖排的乐府诗:"青青河畔草,绵绵思远道。远道不可思,宿昔梦见之。"用这首诗的意蕴来阐释杨苡先生献给巴金一家那"好长好长的梦",真是最恰当不过了。

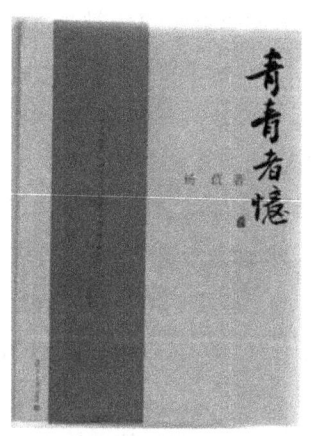

《青青者忆》封面

二○○一年至二○○三年春，杨苡先生在北京的女儿赵蘅家住了较长一段时间，集中精力写作。收入《青青者忆》的《看见月光想哭的孩子》、《淮海路淮海坊五十九号》，就是在那时完成的。期间我常去看望她，她给我谈过她的写作计划，除了"重读巴金的一封信"系列外，她还要写她的老师沈从文、吴宓，她的兄嫂杨宪益、戴乃迭夫妇，还有她同时代的一批文朋诗友，其中包括穆旦、杜运燮、黄裳、黄宗江、袁鹰，等等。我本该在二○○一年年底到点退休，拖到二○○三春，有家老年刊物聘我去创办下半月号，杨苡先生很支持我，提议不妨在该刊上开一个"七老八十"的专栏，每期由她撰写一个已年届七老八十的作家朋友。后来，因她正在完成"重读巴金的一封信"系列，写顺手了，就把拟议中"七老八十"，改为"旧邮散记"。未料组织上要我继续超期服役，我不得不婉辞了那本刊物下半月号主编的聘任。但二○○三年五月的创刊号清样（包括杨苡先生手稿的复印件）我还完整保存着。在"亲友书简"专栏里，用的是严文井先生的《致杨苡》（一九五九年十一月十一日）和杨苡先生为此写的《旧邮散记（之一）》。严文井在信中提到"靳以同志去世，给我带来很大的震动"，并说"靳以同志帮助过很多人，我也一直把他当兄长辈的人看待。我的第一本集子（一九三七）是由他主编出版的。那时我并不认识他"。因此，在《旧邮散记（之一）》中，她除了写到靳以是"三十年代对中国新文学卓有贡献的小说家"，并作为"昼夜看稿"的编辑，与巴金一起发现并推出了曹禺的成名作《雷雨》外，还写了她当年作为"儿童文学习作者之一，受过文井的鼓励，在一九五九年受严厉批判时也得到过劝慰"……我相信杨苡先生手头还保存着许多文朋诗友写给她的这样"十分宝贵"的信，也相信《旧邮散记》后来会接着写下去，但不知何时能结集出版？

她二〇〇三年四月三日"匆匆草就"的《旧邮散记（之一）》是这样开篇的："朋友来聊天，顺便约稿。我却在这十年多偏偏只有劲聊天，而懒得动笔。我跟朋友们聊天的内容，无非是谈论过去的喜怒哀乐之事。'怀旧'是不变的内容。多年前我曾以'怀旧'为题,写过点什么。至于说过什么废话也早不记得了,剪报也不知去向。只记得我说过'怀旧是一种奢侈'这样伤感的话。"首句所提到的那个来聊天顺便约稿的朋友,无疑就是指我。一晃,又十年多过去了。同样是在四月,我又登门来跟她聊天,听她怀旧了。整整两个小时,她还是滔滔不绝地"有劲聊天",我真觉得听她怀旧是一种奢侈的精神享受,除了简短回答她问及的京城几位老友的近况外,我的插话,充其量超不过五分钟。我想,在当今中国的女作家中,除杨绛先生而外,年过九旬依然才思敏捷、宝刀不老的,也就只有杨苡先生了。我热切期待这位爱做梦的青青者,不断有新著和译作问世!

二○一四年六月十三日

还你一个真实的杜高

四月中旬，杜高打电话给我，说他刚写完的《华君武的道歉和自省》，引用了我《刘白羽的忏悔与反悔》中的几行文字，想注明引文出处。我答复之后，便说到前不久在《中华读书报》上读了他的《忘不了的孙维世》，就立即让我妻子也读了，她深受感动，随即把报纸传给中国青年艺术剧院的几位老同事，至今这张报纸还未收回，仍在不停地传阅……杜高一听，笑了起来："好些朋友建议我把这些年写的这类文字结集出版。今天给你打电话，主要是想请你帮忙，可否在作家出版社帮我物色一个优秀的责任编辑。"我当即允诺，等五月初我从故乡常州回京后就落实此事。未料，我回京的第二天，他就打来电话，说《华君武的道歉和自省》一文，原本是南方一家名报的约稿，结果，因报社突然的变故决定撤版了。他颇有些沮丧。我说，东方不亮西方亮，好文章不愁没处发,你还是给《中华读书报》吧。到了下午,他又打来电话,兴奋地告诉我:"《中华读书报》回话了,要我立即把配发的照片传过去。"那天是周二,我知道《中华读书报》是周三出报,就说:"那肯定是明天就见报!"

果然,第二天《中华读书报》就以一个整版推出了他的这篇力作。我读罢就立即给作家出版社在职的老同事林金荣打电话,向她推荐杜高的书稿。听我介绍了杜高的有关情况后,林欣然答应,说:"这肯定是部有分量有品位的好书,但我手上的活积压太多,正在做十卷本的《徐迟全集》,实在忙不过来。可不可以请你当特约编辑,帮我先在整体上把握一下?"当我把林金荣的意见转达给杜高时,他高兴地说:"太好了! 不过,要让你辛苦了!"我说:"读你的文章,是一种享受。同时,这也是给了我一个向你学习的好机会呀!"……

杜高的大名我早在四十八年前得知了。那时,我在中国戏曲研究院当编剧,与吴祖光是同事。"文革"之始,因受夏衍的牵连,吴祖光又被揪了出

杜高（右）与石湾

来，并列为中央专案组的重点审查对象。揭批他
"罪行"的大字报连篇累牍，其中有一条，就是他曾
拉拢腐蚀青年，形成了一个"二流堂"右派集团的
"小家族"。而在"小家族"的黑名单中，列在首位的
正是杜高。记得我见到杜高，是二十世纪七十年代
末，他获平反改正，回到中国戏剧家协会担任书记
处书记之后。因他早年曾是中国青年艺术剧院的
编剧，所以青艺在改革开放初期每排一个新戏，都

会请他来院部的小礼堂看彩排。而我当时就住在院部的家属宿舍，近水楼台先得月，也是每有新戏彩排就必去观看。那时，我在刚复刊的《新观察》当记者，兼做影剧评论的组稿、编辑工作。但妻子告诉我说，每次杜高看完彩排后很少表态，即使在座谈会上发言，观点也偏保守，胆子小得有点儿离谱。因此，我在《新观察》工作的四年多时间里，从未向他约过稿。直到二〇〇四年，读了他的新著《又见昨天》之后，我才弄明白他重返文坛后一度胆小怕事的缘由。那年八月二十日，我在《文汇读书周报》上发表《想起路翎的一部书稿》，文中曾这样记述：

　　建国初期，杜高是路翎的同事和好友，也曾因牵涉胡风案而历经磨难，他在《路翎：一个受难者的灵魂》一节中写道："他又写了许多小说，却都未能发表，不仅因为艺术质量的下降，更因为他的整个思维都还束缚在'监狱时期'那种政治化、教条化的状态中，而这正是他原来极力反对的呀！有人不理解他，认为这是一种很难解释的现象。只有我能理解，只有我在心底里怜悯他，只有同样经历过长期监禁的人，才会知道挣脱过去的禁锢是何等艰难！我比路翎年轻近十岁，我的脑神经也没有受到他那样的致命伤害，但我也是许多年都摆脱不了那种囚徒的恐惧。我在八十年代初期所写的那些文字和路翎那些不能发表的小说，又有什么不一样呢？这正是智者启迪我们的：世上最可怕的，莫过于精神的死亡和精神奴役的创痛。"

杜高读到此文后，随即给我打来了电话。他说，要不是见到李辉在潘家园旧货市场上发现的他的个人档案，他也不会对自己的心灵有如此冷峻的拷问，彻底省悟过来。几天之后，我与他就在一次文艺界的活动中见面，遂结为忘年之交。很有意味的是，我与他还曾是"牌友"。与其说他喜欢打麻将，还不如说他喜欢常与老朋友聚会。说来也巧，他的另两位"牌友"，分别是青艺的程宗咏之妻毕秀茹和北京人艺的王宏韬。程宗咏、王宏韬都曾被打成右派，是与他一同劳教的难友。程在获平反改正、回到青艺后就成了我的邻居，临时栖身的那间陋室，还正巧是一九七六年唐山大地震前我的家。王宏韬恢复工作后，在北京人艺宣传组专与媒体记者打交道，因此，我早在《新观察》当记者时就与他相熟了。牌局总是由毕秀茹召集，她家后来住的青艺东架松宿舍楼，与我住的中国作协华威北里宿舍楼仅百米之距。而住在中国文联安定门宿舍的杜高，即使下大雪，也都兴冲冲打的赶来，从不失约。而每次聚会，忆旧叙谊，总是非常尽兴。当杜高得知我和程宗咏曾是东单三条五十六号小红楼里的邻居时，曾说："五十年代初，那座法式小红楼只四户大艺术家：金山、孙维世夫妇，石羽夫妇，张正宇夫妇和张逸生夫妇，我经常去拜访他们。如果小红楼能保留至今，很可以当成中国话剧的一座纪念馆……"只是后来他搬到奥运村去住了，离南城太远，北京的交通也越来越拥堵，毕秀茹就再没有约他来打过牌。因此，当我在五月中旬去他家取书稿

《生命在我》时，一见面他就感慨地说："没想到王宏韬、程宗咏相继病逝，要是他俩还在，咱们能再相约打一次牌该有多好啊！"

杜高在《劳动教养：比路还长的回忆》一文中提到，和他同期关进看守所的"最早的劳教难友"，除王宏韬、程宗咏外，还有许多文艺界的知名人物，如北影导演巴鸿、中央工艺美院教授何燕明、中央歌剧院指挥莫桂新、《茶花女》导演谷风、北京舞蹈学校的青年教师孙颖、中国作协的诗人唐祈、中国剧协的诗人唐湜和《北京日报》的作家从维熙等。虽然他在此文中只重点叙述了李政道博士的芝大同学巫宁坤教授的坎坷经历，但已足以证实，是一九五七年的反右运动和不走司法程序的劳教制度，无情地毁了一大批青年才俊的政治生命和艺术生命，不禁令人扼腕长叹！

列在《生命在我》首篇的《杜高档案》（凤凰卫视中文台"口述历史"），他讲到，李辉的《一纸苍凉——杜高档案原始文本》和他的《又见昨天》出版后，已定居澳大利亚的丽江（赵立江）先生，发现在

《一纸苍凉》一书中,杜高经受漫长的劳教岁月的材料只占了三分之一左右的篇幅,还有一些文件缺页,不完整。而丽江先生在潘家园旧货市场上所购得的,正是《杜高档案原始文本》遗落掉的劳教时期的档案,包含了更多血泪斑斑和触目惊心的内容。这其中,最令人感到震撼的场景是:"一九五八年四月十八日,……我们就被送到公安局东单分局。到东单分局干什么呢?是让我们两个手掌都摁上黑色油墨,留下我们的手掌印,这就是犯人档案,因为每个人的指纹掌纹是不一样的,有了这个,这个犯人就进了公安局了,我这才懂得了是这么一个东西。我们每人摁了手印以后,就把我们送到半步桥北京监狱的收容所去了,我也就从此与世隔绝,开始了我的劳动教养的生涯了。"

在阅读和编辑书稿的过程中,杜高几次问我:"你看'生命在我'这个书名起得合适吗?"每次我都坚定地回答:"很好!"而在我看到丽江先生收藏的杜高原始档案文本中的那张摁有杜高指纹和掌纹的劳教登记表照片时,就更觉得这不仅是杜高生命

《生命在我》书影

价值的一个独特的象征，而且也是一个无法磨灭的
历史印记。一九五七年被错划为"右派分子"的五
十五万人中，大都送去劳教了，但惟有杜高这张令
人震惊的指纹掌纹表没有被销毁，见证了那段不堪
回首的岁月和一代知识分子的多舛命运。于是，我
征询杜高的意见："可否把这张世人都从未见过的
浓缩了他那段黑暗的人生经历的指纹掌纹表作为
衬底，放到《生命在我》的封面上去呢？"他和美编都
接受了我的提议。我相信，这样一个非同寻常的图

书封面，一定会产生强大的视觉冲击力，从而吸引广大读者，通过了解和认识杜高的生命价值，去探究一代人的命运，对那段政治运动接连不断的共和国历史，作更深入持久的反思。

杜高原名李传惠，其父是一九二五年参加革命的老布尔什维克。杜高十岁时随父南下桂林，父亲把他交给党领导的儿童演艺团体"新旅"。此后，他便追随田汉、欧阳予倩、吴晓邦、熊佛西、瞿白音等进步的文化名人，辗转在抗日救亡的第一线，还与朱琳、叶子等明星同台演过戏。早慧的他年少成名，十二岁发表散文、十四岁发表剧评。当时他之所以改名为"杜高"，是因为他把两位伟大的俄国作家当作了自己的偶像：陀思妥耶夫斯基（当时译为杜思妥耶夫斯基）和高尔基。他取两位大师名字的首音，合而为"杜高"。这一次，他把《生命在我》书稿交给我时，说："我用题记来替代序，你看行不？"其《题记》是：

我时时记在心里的，是俄国作家陀思妥耶

夫斯基说的一句话。他说：

"我只担心一件事，我怕我配不上自己受的苦难。"

《生命在我》一书，杜高不仅回顾了他从反胡风运动开始，到反右运动、十二年劳教和"文革"中几度死里逃生的苦难历程，而且也记叙了他同时代的难友，如吴祖光、新凤霞、路翎、金山、孙维世、蔡亮、王正等作家、艺术家在历次政治运动中所经受的种种磨难。他为什么要写下这代知识分子的苦难呢？在《美被毁灭的悲剧——严凤英之死》一文中回答："歌德说过：'历史给我们的最好的东西，就是它所激起的热情。'当我们看完《严凤英》传记连续剧以后，我们正是从历史反思的痛苦中，燃起了对现实和未来的热情。历史的真实是涂抹不掉的，谁也不能阻止人们回顾历史。但是人们之所以需要看到历史的真实，却不是为了那过去，而是为着现在和将来。"

电视连续剧《严凤英》的编剧是严凤英的丈夫

王冠亚,该剧送中央电视台审看时,有关部门认为后三集调子低沉,要求砍掉。王冠亚不同意删改,于是请时任中国电视艺术家协会书记处书记、《中国电视》主编的杜高审看。杜高看后认为后三集表现了美被毁灭的悲剧,极具艺术震撼力。他感到,王冠亚在后三集中写了自己在高压下,未敢保护爱妻严凤英,这是那个时代的悲剧,也是自己人格的过失。王冠亚坚持保留原貌,以告慰含冤而死的爱妻,并警示后人,是值得赞赏的。于是,他不仅在研讨会上为后三集仗义执言,多方陈述,而且又写下这篇《美被毁灭的悲剧——严凤英之死》,在《人民日报》上公开发表。中央电视台终于接受他和各方的意见,按原貌播出了这部尊重历史真实的优秀电视连续剧。

因有杜高的仗义执言和悉心扶植而起死回生或久播不衰的电视剧还有许多。可以说,经历了苦难并战胜了苦难的杜高,在复出之后,终于又回归成一个独具胆识并敢于担当的作家、艺术家。从这个意义上讲,他卓著的工作业绩和艺术成就,包括这部用血泪真情写成的《生命在我》，完全对得起他"自己受的苦难"。我想，陀思妥耶夫斯基大师若地下有知，也一定会为有这样一个忠实的中国"粉丝"而感到欣慰。

《生命在我》进入编辑流程之日，正是电影《归来》热映之时。杜高告诉我，陈道明在《归来》开拍之前，曾专程来向他请教，与他就如何塑造好陆焉识这个归来的"老右派"深入交换过意见。每由陆焉识谈到昔日的劳教生涯，我多次听杜高感叹，一九五七年与他一起被打成吴祖光"二流堂"小家族的难友，至今惟有他是一个侥幸的健在者了。一九七九年的春天，北影打电话通知田庄，在右派的改正书上签字。田庄骑了一辆破自行车就往北影飞一样地骑去签了字，拿到改正书又骑回到家里，当晚就呕了满满一脸盆的血……压抑了二十多年的生命，到了最后崩溃的时刻。杜高赶到积水潭医院去看望田庄，田庄得知已近五十岁的杜高快要结婚了，就让妻子回家把杜高年轻时赠送给他的一张英俊照片找了出来，写了一张字条，转送给杜高年轻的未婚妻李欲晓。字条上写的是:"还你一个真实的杜高"。《生命在我》一校样打印出来后,我特意将插在《杜高档案》一文中的这张杜高珍贵的老照片,调试为满满一个整页。照片说明就用了田庄写给李欲晓的那句话:"还你一个真实的杜高"。

杜高年轻时送给田庄、陈敏凡夫妇的照片

在我想来,正如杜高自己在书中所说,经历十二年高墙电网下的强制改造,"我已经不再是'我'。我从一个生气蓬勃的青年变成了'一个世故的人,一个学会了应付周围环境的人,一个没有表情的人,一个被贫穷折磨得衰老的人,一个外表显得老实可怜而内心一直在用力压抑着情感的人,一个虚假的人'。"而《生命在我》一书的问世,则是意味着一个曾被毁灭了自我的杜高,又顽强地复活了自我,还给现实世界以一个崇尚自由、感情充沛、独具人格魅力而又坚守时代良知和社会责任的高贵生命:"一个真实的杜高"!

二〇一四年八月七日

不该写错的挽联

自九月十三日起,多家媒体报道:"九月十二日,创作《中国人民志愿军战歌》的著名音乐家周巍峙在北京逝世,享年九十八岁。由他作曲的那首'雄赳赳,气昂昂,跨过鸭绿江……'在上世纪五十年代曾鼓舞了全国的士气,甚至代表了一个时代。"还着重提到,"根据周老遗愿和周老夫人、著名歌唱家王昆的愿望,丧事从简,只在家中设置灵堂。"

周巍峙身前曾担任过文化部党组书记、代部长和两届中国文联主席,可以说,在相当长的一段时间里,他是我国文艺界德高望重的领导人。可媒体报道他逝世的消息,竟大都用"志愿军战歌作曲者周巍峙逝世"为题,避用他的官衔,足见《中国人民志愿军战歌》影响力之大,用报道的原话来形容,是"几乎人人会唱"。然而,令我大吃一惊的是,在周老家中所设的灵堂上,却出现了一副有错字的挽联。上联的前六字为"笑眯眯坦荡荡"，下联的前六字则对以"雄纠纠气昂昂"。显然"雄纠纠"系"雄赳赳"之误。我从北京电视台的新闻节目里，看到周巍峙灵堂上有两副醒目的长挽联，一副是中国文联敬献的，紧挨着中国文联的这一副将"雄赳赳"错写成"雄纠纠"的长挽联不知是哪个大单位或知名人士送的，但拟挽联和书写挽联者，想必应该是个文化人或书法家吧？做了一生文化领导工作的周老，若地下有知，见到自己的老部下或老同事、老朋友献上这副明显有错的挽联，将作何感想呢？

周巍峙灵堂

对周老逝世的报道,我之所以很关注,是因为我曾在隶属文化部文艺局的中国戏曲研究院工作过。我一九六四年八月大学毕业分配到北京工作不久,就有幸看了大型音乐舞蹈史诗《东方红》在人民大会堂的两次彩排。其后的一次,是周总理来审查。年长的同事告诉我,周总理是《东方红》的总导演,而坐在周总理身后的那位,就是艺术局局长、负责《东方红》排练的现场总指挥周巍峙。周巍峙的大名,我当然早在学唱《志愿军战歌》时就记住了,在看《东方红》彩排时第一次见到他坐在周总理的身后,自然心底就更对他平添了一分敬意。一九六六年三月,文化部组织两支文化工作队赴西南三线慰问演出和深入生活,我分在以中国青年剧院《豹子湾战斗》剧组为主体的一队。临出发前,正是周巍峙局长代表文化部在部小礼堂来做动员报告,并为我们送行。可惜我们下到四川仅两个多月,"文革"就开始了。不然,按预定的至少在基层生活半年时间,我在那里肯定会写出一点反映三线建设的新作品。但不虚此行的是,我在那里收获了爱情,与青艺的一位女演员相识、相知、相伴至今。因此，或可以说，周老是一个对我人生旅程的走向起过关键作用的人。为此我一直铭感于心。

"文革"开始后，周巍峙自然无可幸免地成了"黑线人物"、"走资派"。直到"文革"后期，我到王府井北口的清华池洗澡，才见到当时尚未恢复工作的周巍峙默默地坐在澡堂门前的台阶上在等叫号。一名一九三八年入党的高干、著名音乐家，有锅炉设备的住宅已被"革命群众"占据，只得到大街上的澡堂子来洗澡了。当时北京的澡堂子极少，我半个月才去一次澡堂子，每次排队等叫号，总要花个把小时。说实在的，当时除我了解他原先的身份而外，可能在澡堂子门口排队等叫号的平头百姓，再没有人知道他原本是个大名鼎鼎的人物了。

我再次近距离见到周老，是二十世纪末，在中国文联大楼附近的一家普通的餐馆里。那次，我请几位来访的作家在那家餐馆吃完饭，临出门前，见我作家出版社的同事王璐正与一位长者对坐在西北角落的一张小桌旁用餐，定睛一看，长者竟然是慈眉善目的时任文联主席的周巍峙。我立马责怪王璐说:"呀,周部长来,你也不给社里打声招呼。"未等王璐回答,周老连忙笑眯眯地解释:"我与王璐是亲戚。到文联大楼办完事,顺便来看看她的。"像这样没有一点官架子的老部长,说实话,我还真是第一次见。

九月十五日,一家国字头的大报在头版右下角刊登《周巍峙同志逝世》消息时,配发了一张记者拍摄的周老灵堂照片,让我确认那副挽联中隶书的"纠"字是个错字。挑错字是我作为文学编辑的一个职业习惯,但以往都是在作品未刊发或出版之前,挑出了错,是来得及改正的。看到这副不该写错的挽联已在不经意间公之于众,真觉得如鲠在喉,有一种说不出的难受。怎么办?这时,我想到了我的老同事王璐,她是周老的亲戚,就立即打电话给她。她接了我的电话,就答应马上转告周家,采取紧急补救措施,免得让后续上门来吊唁周老的人耻笑那副不该写错的挽联……

放下电话,我还在想,撤换一副不该写错的挽联并不难,可真要让如今多如牛毛的附庸风雅的书法家提高一点文化素质,使他们日后的作品真正能告慰文化部的老部长、中国文联的老主席周巍峙,恐怕就不是一件轻而易举的事了。

二○一四年九月二十二日

张祖道：中国纪实摄影的先行者

　　自我退休后，养成了晚睡的习惯。十月四日晚，在厅里看完中网女双决赛电视实况转播，就已十一点半钟了，早在里屋躺下的妻子对我说："你今天就别上网了，早点回你屋休息吧。"我"嗯"了一声，但洗漱时想到也许还有文友新发来的电子邮件需要回复，就进书房打开了电脑。呀，还真的有一个新邮件：《刹那——中国当代文化名人剪影》。我打开这个文件一看，标题下的说明文字把我惊呆了："惊闻西南联大张祖道先生仙逝，特别制作了一组音乐幻灯片，以兹纪念。本片根据张先生原作制作，为纪念片之一。"这组音乐幻灯片共选用了十六幅张祖道拍摄的文化名人的照片，其中包括齐白石、梁思成、林徽因（音）、费孝通、周扬、夏衍、老舍、梅兰芳、刘开渠、吴祖光、新凤霞、艾青、徐迟、田间、黄永玉等文化名人。最为罕见的一幅，竟然是前清慈禧太后御前女官、中国近现代第一个女舞蹈家裕容龄。裕容龄生于一八八二年。这幅照片摄于一九五七年四月，裕容龄当时已七十五岁，我想，也许这就是她生前留下的最后一张照片了，弥足珍贵。这组音乐幻灯片配的是刘半农作词、赵元任作曲的《教我如何不想她》。深情、沉郁的男低音催人泪下。看完这组音乐幻灯片，我立即给友人作了回复："谢谢您给我发来张祖道拍摄的一组文化名人照片。张是我《新观察》时的老同事，他离休后还与我有过合作与交往。我竟然不知他在八月逝世了。他是一个值得我敬重和怀念的人。"

发完电子邮件，我依然没有一点儿睡意，就在网上搜索到了一则有关张祖道先生逝世的最新消息："二〇一四年八月六日，张祖道先生去世，享年九十二岁，消息近一个月之后才传出。这种低调是张祖道先生与家人一贯的老派知识分子家庭的秉性和特点，朴实、内敛，尽量不烦扰他人。"张祖道是一九八七年离休的，到一九八九年五月，《新观察》就又一次停刊了。《新观察》杂志社撤销之后，所有的员工就各奔东西,有的年轻记者,至今都未得安排工作。二十多年来,因大都数次乔迁,其中有好些人已不知下落,早就失去了联系。因此,至今没有一个《新观察》的老同事向我通报张祖道先生逝世的噩耗。想到此,我不禁悲从中来,心情一时难以平复。

我是一九八〇年由中国艺术研究院调入中国作家协会参与《新观察》复刊的筹备工作的。我报到后,在编辑部里唯一认识的人,就是张祖道。这是因为"文革"中我俩都曾下放在文化部团泊洼五七干校劳动改造。当时他在由中国摄影家协会组成的二连,我则在由中国舞蹈家协会、中国民间文艺研究会和中国戏曲研究院组成的三连,虽在田间干活和开全校大会时常能碰面,但因那时从不谈各自原先从事的专业,所以仅是一般的认识而已。《新观察》复刊前,归队的男编辑记者只有五人。除张祖道而外,还有卢盛法(费枝)、朱行、潘德润、许法新。他们五位中,其中四位互相称呼都是老卢、老朱、老潘、老许,唯独称呼张祖道为"老道",让我

张祖道先生

们几个不明就里的新编辑记者以为他是"道士"出身。后来我才打听到，之所以习惯叫他"老道"，不只是他名字中有个"道"字，还更因为是他出道比其他老同事要早得多。

张祖道一九二二年生于湖南浏阳，一九四五年入西南联大社会学系就读，师从潘光旦、费孝通，后毕业于清华大学社会学系。一九四九年二月三日，他亲历了北平和平解放，拍下了人民解放军举行的入城仪式。随后参军南下，在《前线画报》当记者，与新华社资深记者穆青一起工作。一九五二年起任《新观察》杂志摄影记者。在《新观察》杂志,张祖道干了两件一直为同事和他本人津津乐道的事情。第一件是一九五六年,社会学的领军人物潘光旦到湘鄂川一带进行实地调查,认别土家族。那时土家族作为单一的民族还没有得到确认,被外界认为是瑶族、苗族或者是汉族。潘光旦向《新观察》杂志点将,要他的高足张祖道随同前往拍摄照片,并许诺此行的文章将在《新观察》上独家发表。张祖道高兴地领受了任务,随恩师调查了六十五天,路过十八个县市,行程七千多公里,沿途拍摄了大量的风土人情。他感慨道:"我不仅耳濡目染,从潘光旦老师身上学到了很多东西,而且也领悟到摄影是观察、调查、见证事物的方式,社会学的调查态度就是老老实实,尽可能做到全面客观。今后,我一定要老老实实做人,老老实实拍照。"可以说,这句话贯穿了他整个的摄影生涯。第二件是他的另一位恩师费孝通,决定于一九五七年五月重访成就自己学术高峰的老家江苏省吴江县江村,特邀他一同前往。费先生对他说:"你就专心拍摄,我不提什么要

费孝通给张祖道的题词

求,就拍村子里农民的生产和日常生活。"这次圆满完成拍摄任务回来,费先生的《重访江村》一文就在一九五七年六月的《新观察》第十一、十二期上发表,引起了不小的反响。不幸的是,因费先生在《人民日报》上发表了《知识分子的早春天气》一文,不久就被打成了"大右派"。不仅《重访江村》终止了连载,而且《新观察》杂志也成了反右运动的重灾区,随后被迫停刊。到一九八二年一月,平反改正后的费先生第四次访问江村,张祖道又赶赴吴江,师生俩再度合作。返京后,费先生在江村所写的《漫谈养兔》一文就在《新观察》半月刊当年的第五期上发表,配发的三张照片当然又是张祖道所摄。此后不久,费孝通就先后出任全国政协副主席、全国人大常委会副委员长了。但他一旦有了新作,总是让爱徒张祖道亲自去取,交由《新观察》杂志发表。因此,尽管张祖道在杂志社一直是个连组长都未当过的"大头兵",但在同行们的心目中,他绝对

一九八二年一月,费孝通在江村调研(张祖道摄)

是个真正的"无冕之王"。

作为资深记者，张祖道对我们几个新来乍到的年轻编辑十分关心，时常来问我们，有什么采编的文章需要他用图片配合？一开始我在文艺组，兼管体育方面的稿件。因当时中国女排在争夺奥运会代表权的比赛和南京国际邀请赛中，力挫了日本、韩国和美国女排，大振国威，而中国女排教练袁伟民又是我高中同学，我就顺利地到国家体委组到了一篇题为《中国女排》的长篇报道。我告诉张祖道后，他立即去体委拍回来了袁伟民和十二位队员的照片。他的工作做得十分细致，在照片下方标出了每个队员的排号、年龄和身高。如郎平照片下标的是：(1号)、十九岁、身高1.84米。这应该是国内媒体全面报道中国女排崛起的第一篇图文并茂的文章，令我至今难忘。接下来我与张祖道的合作，是采访全国少数民族文艺会演。几十场演出，他都是背着沉重的摄影器材赶场子，拍下了近千张舞台演出照片。我采写的《歌声唱彻月儿圆——全国少数民族文艺会演巡礼》在一九八〇年第八期上刊出时,除封二用了他拍摄的哈萨克族舞蹈《刁羊》外,还为我采写的文章配发了两幅照片:蒙古族独舞《鹰》和朝鲜族的《淘米舞》。我很有些歉意地对他说:"您辛辛苦苦拍了几十个胶卷,只刊用了三张照片,真对不起你。"未料,他笑道:"全国五十多个少数民族的舞蹈节目,要不是有这次会演,我怎么拍得全呀? 这可是一个难得的机会,将来,这些未刊用的照片,都是宝贵的资料啊! 我过去是学社会学的,就是对拍摄这样纪实性的作品感兴趣。"

为了有机会常到外地走走,采写一些反映经济改革的报告文学,一九八一年下半年,我主动请缨调到了通讯报道组当记者,接受的第一次任务,就是去甘肃省武都专区采访农村改革的"大包干"。临行前,张祖道对我说:"山区路陡坡险,要不是我已年近花甲,实在跑不动了,不然我一定陪你去采访。"接着他又问我,"你会拍照吗?"我说:"像我这样农村出身的大学毕业生,连结婚照都没有钱去拍一张,哪买得起照相机这样的奢侈品啊!"他告诉我,他在西南联大时就对摄影产生了浓厚的兴趣,起初也买不起照相机,总是借同学的一台折叠式的皮老虎相机试手。直到抗战胜利一年后,才在王府井淘到了一台老式的蔡司依康旧相机。不料第二天就拍下了北平学生抗议美军暴行大游行的场面。一九四七年四日二十七日,他用这台相机记录了清华大学三十六周年校庆,其中,就有原西南联大校务委员会主席兼清华大学校长梅贻琦与北大校长胡适、原西南联大训导长兼昆明师范学院院长查良钊、南开大学秘书长黄钰生一张难得的合影。后来,他又用这台旧相机记录了一九四九年二月三日解放军入城的全过程和北平和平解放大会挂起的第一版天安门上的毛主席画像……讲完这些,他说:"我们摄影美术组有几台淘汰下来的旧相机,你带一台去采访吧,拍照的基本要领不难学,我来教你。"他手把手地教了几次,当我初步掌握拍摄技巧之后,他又嘱咐我说:"你一定要注意观察生活,千万不要让人家摆姿势,喊什么'一、二、三、茄子',要学会在瞬间抓拍真实的场景。"那次,我从甘肃、陕西采访回来,写了三篇报告文学在《新观察》上发表,所配照片都是我自己拍的。张祖道为我冲卷洗印时说:"你初学乍练,拍成这样就不错了。关键是你若不带相机,到那些穷乡僻壤去采访,谁能为你提供这些真实记录农村改革的照片呀!"

从那以后,我就经常向他请教摄影技巧方面的问题。他总是说,学摄影技巧并不是最重要的,关键是要拍得真实,尤其是拍平时不认识、不熟悉的人物时,要抓住人家的精气神很难。他曾举例说过他当年拍摄裕容龄的情景:"裕容龄是慈禧太后的一名御前女官。那天,她从客厅里出来相迎,乍一见面,不觉眼前一亮,只见她面容端正,除了额前部分外,不显皱纹,眼睛明亮有神,皮肤白嫩,身材中等匀称,步行稳健有力。怎么看也不像是一位高龄老太太。她梳着一丝不乱的发型,脸上薄施脂粉、口红,贴身的黑丝绒中式上装,胸前一排旧式圆钮,像是用银丝编结,闪闪发亮,显得雍容华贵。她的打扮举止,和当时流行的'工农化'的男女老少一律的灰、蓝制服和短发小辫的装束有很大的反差。她与我的谈话很自然地围绕着她所熟悉的宫廷生活展开。我与她一边交谈,一边把带去的两台强光灯架起,把相机固定在三脚架上,拧上快门线,取景调焦。她看见我带着照相机,就说她们当年回国时也带有小照相机,那时叫摄影器,她和三姐德龄拍得不好,但是二哥勋龄拍得好。他二哥曾在法国陆军学校留学,研习过摄影技术,回国时带回全套照相机和冲洗设备。一九〇三年闰五月,美国的一位女画家来给慈禧画像,画油画需要被画者本人坐在画架前当模特,要花费很多时间,慈禧不愿久坐,于是想拍张照片作摹本。容龄的母亲就说儿子勋龄会拍照,慈禧便宣他进宫。裕容龄说,那时候照相可没有现在方便,装上胶卷摁一下快门就得。那时候她二哥用的是一台大座机,要装在大三脚架上,从镜箱后面用毛玻璃取景、对光。给太后照相,是要跪着照的,她二哥一跪下,人就比相机矮了一截,够不着,大总管李莲英想了个办法,拿来一张凳子,让他跪在凳子上面,慈禧就赐他照相时免跪。宫里有规矩,在慈禧面前是不准戴眼镜的,谁敢戴着眼镜在老祖宗跟前晃来晃去,那就是个大不敬,要治罪。

慈禧太后御前女官、中国近现代第一位女舞蹈家裕容龄（张祖道摄）

可巧勋龄是个大近视，不戴眼镜就没法对光、拍照，慈禧又特许他'戴镜行走'，有了这两个恩典，勋龄这位宫廷摄影师才得以从容地拍下了慈禧的'尊容'……从她一口流利脆响的京腔中，我能捉摸出一丝果敢、坚韧、充满自信的精神。在她谈得神态最佳妙的一刻，我启动了快门……"

那时候，中国作协的一些重要会议，尤其是茅盾文学奖的颁奖仪式及一年一度的全国优秀短篇小说、中篇小说及报告文学奖颁奖大会，我们都会一起奉命去采访、报道。几乎每个获奖作家他都要留下照片资料。有一次会议结束后，他给我送来一张他拍的获奖作家肖复兴与我亲切交谈的照片，我很意外，也很惊喜。因我事先根本不知道他把镜头对准了我俩，所以我俩的神态都十分自然。他在照片背面盖了"新观察编辑部"圆形公章，托我送一份给肖复兴留作纪念。他对我说，像这样的场合，很难拍出很精彩的照片，这一张，觉得还凑合吧！他还告诉我，在他所拍的作家像中，就数一九五八年和中国作协的一批作家下放在河北省怀来县农村劳动时所拍的诗人田间拎着篮子、面带微笑正在田间播种,和作家徐迟蹲在地上手扶怀来特产马奶葡萄架、活像个老农期盼好收成的两张照片最令他满意。因为在一起劳动锻炼的过程中,互相都很熟悉了,所以在不经意间就很容易抓拍到这样生活气息很浓的镜头。

一九八四年八月,我调离《新观察》,到作家出版社工作。一九九〇年,因有人突然诬告我,我未能按原定的审批程序由编辑室主任升任副总编辑。赋闲期间,北京有家杂志改刊,临时聘我去当主编,搭班子时,我就想到了已在一九八七年离休的张祖道,到他家去请他出山。那天,他让我看了他家的无价之宝:一只金丝楠木箱子。这只箱子是那年随潘光旦先生去做社会调查时花七元钱买的。他近半个世纪来拍摄的照片底板和资料卡片,全都装在这箱子里边。他说,你需要用什么样的老照片,我立马就能找出来。当我说到杂志改刊号上准备发一篇题为《毒品犯罪的死灰复燃》时,他就说:"你没见过旧社会的人抽鸦片烟吧?我有一张这一场景的照片，现在就可以给你找出来。"办刊期间，他还和我一同到中关村去采访。望着林立的高楼大厦，他感慨道："一九四九年前，这里还是郊外的一个破旧的小村庄。我家里还有当年拍摄的中关村照片哩！"到了二十一世纪初，我应邀到中关村去看一个展览，见到中关村管委会的宣传干部，问他们有没有半个世纪前中关村的老照片。他回答说没有。我就把张祖道的联系方式告诉了他。他连声说："这样的老照片真是踏破铁鞋无觅处，太感谢您提供的这个重要信息了。"

一九九二年底，我申办《作家文摘》成功，创刊后深受读者欢迎。一天，张祖道兴冲冲地来找我。他知道我手下只有几个编辑，忙得不亦乐乎，就说："我来帮帮你吧。"我说："文摘类报纸，所用图片都是原发图书报刊上的，不用摄影记者。"他笑了："这我知道。你们不是还没有物色到专职校对吗？我来帮你看看校样还是可以的。"我曾听他说过，巴金的《随想录》再版时，他曾主动当起了校对，结果还真的发现了几处错误，赢得了巴老的赞许，并送上大三十二开线装五卷本《随想录》表示感谢。但我考虑到他已年逾古稀，又是近视眼，再干校对工作太吃力，就婉谢了他。我说："还是赶快把你的照片资料整理一下，你又能写，出几本有价值的书吧！"二〇〇二年四月，我写了一篇《生正逢时——我所认识的吴祖光》，在一家大型刊物上发表时需要配发照片，这时我就又想到了张祖道。打电话给他的第二天，他就把七八张吴祖光不同时期拍摄的照片送到我家来了。其中最为珍贵的一张，是一九五六年六月吴祖光和《新观察》记者龚之方坐着马车随新凤霞到杨三姐的故乡去演出《杨三姐告状》的照片，令我深受感动。那天我问他："你回忆摄影生涯的书写得怎么样了？"他回答："学不会用电脑了，正在写着呢，慢慢会一本本写出来的。"他果然没有食言，从二〇〇七年开始，就在上海锦绣文章出版社连续出版了《江村纪事》、《一九五六，潘光旦调查行脚》、《刹那——中国当代文化名人剪影》三本书。日前，我到首都图书馆查阅了不外借的这三本书，看到装帧精美的《刹那》画册的封面上，衬底的是约

吴祖光(右)、龚之方(中)一九五七年六月坐马车随新凤霞下乡演出(张祖道摄)

一百六十个金色的名字,右上角头一个是胡适,左下角末一个是郁风。可以说,几乎包罗了近现代所有的文化名人。最令我惊奇的是,其中居然还有茅盾文学奖的得主迟子建。这张照片摄于一九九七年四月十二日,当时他已是七十五高龄了,离休也十年了,他依然执着于他钟爱的纪实摄影事业,这种锲而不舍的精神多让人敬佩啊！

　　二〇一二年，九十高龄的张祖道荣获第九届中国摄影金像奖终身成就奖，大会宣读的颁奖词是："上世纪四十年代考入西南联大社会学系，社会学的训练和背景奠定了张祖道一生摄影的基调。他在革命时期随军转战南北，和平时期进入媒体继续从事报道工作。他带着学者的思考，以及文化自觉的态度记录了丰富的人文世界。上世纪四十年代清华园的校园生活和北平天桥街头的艺人，随潘光旦、费孝通学术调查拍摄的社会学、人类学、民族学文献，以及众多的文化名人影像，都是中国摄影史上的珍品。他是中国纪实摄影的先行者。"诚哉斯言。这样一位一生老实做人干事的老同事、老朋友悄然驾鹤西去，教我如何不想他？

　　　　　　　　二〇一四年十月七日

图书在版编目(CIP)数据

文坛逸话 / 石湾著 . —上海：上海辞书出版社，
2015.8
（开卷书坊. 第 4 辑）
ISBN 978 - 7 - 5326 - 4420 - 9

Ⅰ.①文… Ⅱ.①石… Ⅲ.①散文集-中国-当代
Ⅳ.①I267

中国版本图书馆 CIP 数据核字(2015)第 144017 号

文坛逸话
石 湾 著
责任编辑/吕荣莉 装帧设计/朱赢椿
技术编辑/顾 晴 责任校对/杨桂珍

上海世纪出版股份有限公司
辞书出版社出版
中国图书进出口上海公司发行
2015 年 8 月第 1 版
ISBN 978 - 7 - 5326 - 4420 - 9/I · 268